《中陰聞教救度法》的原著者——蓮花生大士

中陰文武百尊唐卡
中央為寂靜尊，周圍環繞六道佛陀，忿怒尊則分別置於畫面四角及上方。

中陰文武百尊唐卡
忿怒尊在中央與下方，佔畫面三分之二的範圍，寂靜尊則集中於畫面上方。

象徵佛教輪迴思想與因果觀的六道輪迴圖唐卡

西藏生死

導引書

六種中陰的實修教授

堪布慈囊仁波切 講授

The Tibetan Book
of Living and Dying

下

吉祥祝願辭

བཀྲ་ཤིས་སྨོན་ཚིག

རྒྱལ་ཀུན་ཡབ་གཅིག་རྒྱལ་སྲས་གཞོན་ནུའི་ཚུལ།།

諸佛一父佛子童子相

དྲན་པ་ཡིས་ཀྱང་སྲིད་པའི་མུན་སེལ་བ།།

稍憶念故令除世間暗

དམར་སེར་རལ་གྲི་འཆང་བ་གང་དེ་ཡིས།།

紅黃色身持劍聖者彼

ཁྱེད་ལ་ཤིས་པའི་མེ་ཏོག་འཐོར་གྱུར་ཅིག།

願賜汝等吉祥妙散花

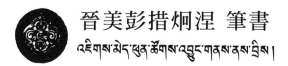

晉美彭措炯涅 筆書

འཇིགས་མེད་ཕུན་ཚོགས་འབྱུང་གནས་ནས་བྲིས།

目錄

第七章

投胎中陰的實修教授　146

第一節　修持重點

第二節　對治四大巨響的觀修法

第三節　對治三種懸崖險境的觀修法

第四節　對治業風吹襲與黑暗的觀修法

第五節　對治六種不定徵兆的觀修法

第六節　其他觀修法

第八章

睡夢中陰的實修教授　162

第一節　觀修白天一切的境相如夢

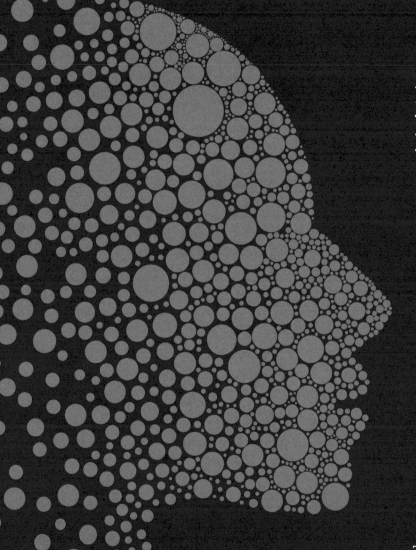

第一篇 六中有根本頌

The Tibetan Book
of Living and
Dying

第一章

生處中有頌

嗚呼！

我於生處中有顯現時，壽命無暇應捨諸怠惰。

無散安住聞思修之道，相由心起現證三身果。

此次獲得寶貴人身時，不應無散安住於道乎？

　　龍樹菩薩的偈頌說：「願以此善業迴向給一切有情眾生，圓滿積聚福德與智慧資糧；願我證得佛的法身與色身，並迴向一切眾生也都能得到究竟的成就。」同樣地，在我們聽聞佛法的同時，也是在累積福德與智慧資糧，因此大家在心裡要這樣發願：「願以我積聚的所有善業，迴向一切眾生能夠究竟證得佛陀解脫的果位。」

　　在《西藏生死導引書》上冊中，已經對六種中陰

龍樹菩薩

（亦即「中有」，以下為配合偈頌之用詞，中陰一詞將於本章中改用「中有」一詞。）做了詳細的解說，以下列舉出《中陰聞教解脫》藏文原典中的偈頌漢譯，亦即《六中有根本頌》，為諸位進行教授。

平常我們可以常常唸誦本頌，也可以把《六中有根本頌》當成簡修儀軌，唸誦時則應回想之前所開示的種種教法，如此對於我們的修行會有很大的幫助。

接下來就針對本章「生處中有頌」的偈頌，分別解說其意義，方便諸位掌握其修持的攝要。

第一節

壽命無常，應斷懈怠

　　我於生處中有顯現時，壽命無暇應捨諸怠惰。

　　這兩句講的是在生處中有的階段，也就是由出生到死亡之間，我們的壽命是無常不定的。眾生既已出生，最後終必死亡，就如同佛陀在經典中所開示的：「既然出生，必然會死亡，死是生的變異；有了聚合，最後的結果必定是分離；有了積聚，最後的結果是消散；有所建立，最後終究會毀壞，世間上一切的現象，都是無常的景象。」既然無常是必然的，是一切事情的實相，我們就該捨棄貪婪、怠惰的習氣而努力地去修持。

　　此外，諸位要斷除的怠惰包括三種：
　　一、因為我們對於世間法上的種種執著，而將很多時間花在世間法上，譬如將時間放逸在世間的貪、瞋、癡……等煩惱上面，這也是一種怠惰，應該要捨棄。

二、另外還有一種怠惰情況是自己對自己缺少信心，明明知道修持佛法是很好的，並且是必要的，但是又認為自己沒有智慧，沒有能力去修行。因為對自己缺乏信心、過於怯懦的關係，於是就想乾脆連修都不用修，這也是一種怠惰。或者是明明知道輪迴裡充滿了各種痛苦，我們必須努力去超越、捨離，但是又想到自己的力量微薄，沒有能力修行，也沒有智慧，就完全放棄，連修都不修，這也是一種退卻。

　　三、第三種的懈怠是明知道應該努力修行、積聚善業，但是因為懈怠的關係，心裡便想：「沒有關係，今天很忙，明天再做好了！」明天又想：「後天再做好了！」於是一天拖過一天，一年拖過一年……，時間就這樣因為懈怠而拖掉了。

第二節

致力於聞、思、修

無散安住聞思修之道

　　我們捨棄懈怠之後，即應在聞、思、修上努力修持。修行的第一步即是多聽聞。經由聽聞，我們才知道什麼是善、惡取捨的道理——應該行什麼善業？應該去除什麼惡業？如果不了解善、惡取捨的道理，是沒辦法修行的，所以首先要聽聞。在聽聞善、惡取捨的道理之後，進一步則要深入地思惟。

　　當我們從上師處聽聞教法之後，進一步要用自己的智慧深入地思惟，反省自身的貪、瞋、癡……等煩惱意念與所聽聞的教法兩者之間應該如何做融合？又應該如何改變自己的惡習？如果沒有深入思惟的話，根本無法真正生起堅定的確信。

有了深入的思惟以後，我們進一步要將其運用在修行上面。要究竟斷除我執以及各種煩惱，必須要有修行上的智慧，因此在聞、思、修三學中，前者是後者的基礎與助緣——經由聞而生起智慧，之後常加思索，最後進入修行。因此想要如實地修持，就一定要有聞與思的基礎。

第三節

親證三身

相由心起現證三身果

第四句「相由心起現證三身果」講到兩個層次：外在的境相與心。

在凡夫的眼中，外在的相就是我們認為不清淨且迷惑的相；心則是我們執著為自我等等煩惱意念。因此要透過慈心與悲心的修持，再透過止、觀、生起次第與圓滿次第……等等各種修行法門，將我們認為不淨的外相以及充滿各種煩惱、污染的心帶入修行道上。

當我們如實地修持與轉換「能執」與「所執」這兩種境相之後，最後證悟一切的外境與心念的體性都是空性，這就是「法身」的境界。

同時，了解到本質雖然是空性，卻具有能夠自在顯現的明性特質，這就是「圓滿報身」。

為了能夠慈悲度化一切有情眾生的緣故而自在地顯現出利生的形象，這就是所謂的「應化身」。外境與心的本質不離法、報、化三身的本質，也可以說即是法性的體現。

寂天菩薩

第四節
善用暇滿人身

此次獲得寶貴人身時，不應無散安住於道乎？

本章的最後一個偈頌，講到我們在這一生中所得到
的暇滿人身是非常難得的，但卻又很容易壞失掉，所以既
然得到了就要好好地運用，不要有任何的浪費，而且要將
這個寶貴的人身用來追求並達到究竟解脫的果位。

寂天菩薩在《入菩薩行論》裡有句偈頌說：「暇滿
的人身是寶貴難得的，既然已經得到暇滿寶貴的人身，就
應該將之用於證得殊勝解脫的果位。如果在這一生中浪費
生命，不能證得解脫的果位，來生如何能再得到這樣的寶
貴人身呢？」這句話是說：現在我們得到這個暇滿的人
身，雖然在世間法上為了生活的需求……等等而必須去從
事一些世俗的作為，但是如果純粹只是為了世間法而捨棄
能得到解脫的殊勝修行，則此生壽命終了後，來世想再得

到暇滿寶貴的人身是非常困難的。因此在這一生中，一定要好好將人身運用在修行上。

在密勒日巴尊者對弟子鞏布多傑的開示中曾經講到：「一般來說，暇滿人身是相當寶貴難得的，如果得到人身卻不知道將其運用於佛法的修行以求解脫，而只用在無意義的世間事上，這樣的人身和畜生是沒有什麼差別的，談不上有什麼寶貴之處！」

以上這段開示的意思是：既然已經得到寶貴的人身，卻不知道好好地運用在追求利益有情眾生、成辦利他的事業，或是追求自己來世的利益，甚至是能究竟證得解脫的利益上去努力的話，就只能算是和畜生一樣！

人與畜生的差別就在於人能夠抉擇，如果自己沒有去思考：「該如何發心利益有情眾生？如何修行來成辦這一生的利益？要如何修行以證得未來解脫的利益？」就會像畜生一樣，是沒有智慧的。

所以如果得到人身，不好好地運用在修持佛法，解脫生死，卻只是將它用在毫無意義的世間事上，如此一來是與畜生沒有差別的。

六中有根本頌　第一章　生處中有頌

密勒日巴

第二章

睡夢中有頌

嗚呼！

我於此夢中有現起時，應捨愚癡放逸如屍眠。

正念無散安住真實境，持守夢境修幻身光明。

莫如畜生貪睡於其中，如實融合睡夢為修要。

　　第一章的偈頌是關於生處中有的偈頌，而在生處中有的過程中，會伴隨著兩種中有——睡夢中有與禪定中有。本章首先講解睡夢中有。所謂的「睡夢中有」就是從躺下睡覺一直到醒過來的這段時間。

　　本段的前面三句是講：在睡夢中有的這段期間，我們應該要捨棄昏睡——也就是陷入昏沉、毫無覺性的情境。無知的昏睡與強烈的愚癡是沒有差別的，在這當中沒有任何的覺知與意念，因此應該捨棄這種無知的昏睡。我們在睡夢中應當好好修持，以求能夠了悟光明，所以應該心無散亂地安住於心性光明中。「正念無散」也可以解釋為「了悟心性光明而安住於其中」。

　　後面三句就是前面講過的夢中修持：首先是持夢，進一步轉換夢境，最後是修光明，將夢境融入光明之中。行者不應該像畜生道的眾生一樣沒有覺性地睡覺，應該在睡夢中如實地融合睡夢的修法及光明的修法。

第三章

禪定中有頌

嗚呼！

我於禪定中有現起時，迷惑散亂諸過悉捨離，

無散安住無執離戲境，應於生圓次第得堅固。

捨諸作業專注修觀時，不落煩惱迷惑之力中。

第三個偈頌講到禪定中有。

所謂的「禪定中有」是指修行時以「止」或是「觀」進入定境的中有境界。

第一節

止與觀

　　進入禪定中有的時候，應該要把握什麼修行的要領呢？

　　一、止：主要是捨棄種種不善的煩惱意念，甚至是無記的意念。捨棄煩惱意念之後，心無散亂地安住、專注，這是屬於止的三摩地。

　　二、觀：在止的境界中再進一步生起觀照，如實了悟離戲的境界而遠離有、無二邊；因而斷除一切人、我二執，究竟的證悟法性，這就是觀的三摩地。

第二節

生起與圓滿二次第

　　修行時有生起次第、圓滿次第兩種修持法門。藉由生起次第做清淨的觀照，將所有不淨的世間外相觀修為清淨的境相，這是生起次第的修持法。進一步在圓滿次第的時候，藉著觀修將強烈的我執，以及對境執以為實的能、所二執之煩惱去除，而如實了悟到諸法無我的義理，這是圓滿次第的部份。

　　修持三摩地的時候，不論是生起次第或圓滿次第，身、口、意的各種造作都要漸漸地放下，不要貪著於身、口、意的種種外緣，要如實專注地修持，以斬斷煩惱、迷惑。

　　在平常的修行上，我們要努力斷除三門的各種不善業，而在真正修持禪定的時候，特別是對於三門的各種作意都要努力地捨棄、放下！例如在身的行為方面，所有的世間法不論是善、是惡或是無記，都要放下。同樣地，語的造作與意的煩惱意念在修持三摩地的時候也都要完全放下。

第四章

臨終中有頌

嗚呼！

我於臨終中有現起時，一切貪愛執著盡捨離。

無散安住明晰口訣中，本覺無生遷入虛空境，

有為血肉之身剎那離，應知此為無常幻化身。

　　第四個偈頌講臨終中有。生處中有結束之後便進入臨
終中有，也就是說，從我們面臨死亡消融次第開始，一直
到微細的消融次第結束為止都是屬於臨終中有的階段。

第一節

捨棄貪執

我於臨終中有現起時，一切貪愛執著盡捨離。

當我們面臨死亡時，所有的貪執都應該捨離。所謂的貪愛、執著是指對於我們這一生所積聚的財富、名譽、自己的身體、親戚、朋友以及住處……等等一切外在世間的境相，在面臨死亡時都要全部放下，捨棄自我的貪著之心。

如果不能捨棄對外境的貪愛，在死亡時要得到解脫是非常困難的，特別是在臨終中有的階段，最大的障礙就是我們的貪愛與執著，因此在這個時候一定要捨棄對自己的身體、財富、名聲與親戚……等等的執著。

第二節
修持口訣

無散安住明晰口訣中，本覺無生遷入虛空境。

臨終時，主要安住的修持口訣有兩個：一個是「頗瓦法」，一個是死亡時「契入法身的解脫」。行者應當依止這兩種修行口訣而修。

如果是修頗瓦法，則將意識遷移到佛的淨土；如果是依止死亡時契入法身光明的話，屆時如實覺知心的本質是離生、滅二處的，則契入法身無生無滅的境界，亦即是此處所講的「本覺無生遷入虛空境」。

第三節

了知此身虛幻無常

有為血肉之身剎那離，應知此為無常幻化身。

我們應知這具血肉之軀為剎那無常的幻化身，在臨終中有時，血肉之軀以及自己平常所執著的心識二者，已經到了勢必要分離的時候，因此要如實地知道身、心是虛幻無常的，正如同夢中的境相。

接著依止臨終的修持口訣，藉由頗瓦法，以及修持光明將心識契入法身，以得到解脫。

第五章

法性中有頌

嗚呼！

我於法性中有現起時，一切恐懼驚悚盡捨離，

安住諸顯皆是自心相，了知中陰顯現諸相狀，

此為成就大利之時至，莫懼自顯文武百尊眾。

當臨終中有階段微細的消融次第結束，光明顯現之後，亡者就陷入昏迷。當他再醒過來以後，各種本尊顯現的這段過程就是法性中有。

在法性中有現起的階段中，外境會顯現出聲音、強光以及本尊的身形……等等，此時伴隨我們內心的將是各種恐懼的心理。因此當法性中有的聲光顯現時，最重要的事，是要捨棄我們內心的恐懼，要確實了解一切的恐懼外相都是由自己內心所顯現的，而且無論顯現出來的是聲音或是本尊的身形，其本質都是空性的。

在法性中有顯現的過程中，若不了解一切本尊聖眾顯現的道理，我們會以為他們是幻現成兇惡的閻羅、鬼眾……等相狀，因此我們若能確實了知法性中有時外相顯現的道理，就可以從中得到圓滿報身的解脫，也就不會再有投胎中有的過程，所以這是一個非常重要的階段。

　　在這個階段裡，最重要的修持要領是：我們對於一切文武百尊顯現的境相、強烈的聲音、亮光、本尊的身形……等等，內心不要有任何的恐懼。之所以能夠不生恐懼，就是如實了知所有文武百尊的顯現，其身、口、意其實都是我們智慧心性的展現，與諸佛菩薩的身、口、意是無二無別的。我們要對諸佛菩薩有堅定的信心，而自己也要以勇猛無懼的心在境相中得到解脫。我們若能確實了解所有顯現的境相都是自心相，而其體性與空性是無二的，則自然能遠離一切恐懼。

第六章

投胎中有頌

嗚呼！
我於投胎中有現起時，專一祈願善持守自心，
努力接續善業之顯現，遮閉胎門正念諸過患。
此時極具虔心生淨觀，捨棄病目觀上師父母。

　　如果在法性中有階段沒有得到解脫，接下來就會進入投胎中有階段，從進入之後一直到我們在六道中的任何一道投胎或受生為止，都是投胎中有的過程。或者說：自法性中有結束，直到投生到佛的化身淨土的期間，都是投胎中有的階段。

　　身處投胎中有時，最重要的事即是專一地祈願──將生前修持的各種善業，乃至於進入臨終中有、法性中有時的修持加以迴向，並將心專注在法上，努力地遮止自己墮生到六道的胎門。

　　我們應該虔敬、專注地祈請觀世音菩薩或是阿彌陀佛、彌勒菩薩……等，祈請他們加持自己能夠往生到阿彌陀佛、觀世音菩薩或是彌勒菩薩的化身淨土，這是最重要的關鍵。

此處所講的「善持守自心」就是指心裡要生起清淨觀，這在投胎中有的過程裡是非常重要的！因爲在此過程中，向上應祈求諸佛、菩薩加持自己往生淨土，向下則要努力遮止自己墮生入六道的胎門，因此對於什麼現象表示將會投生到哪一道必須確實知曉，同時我們要知道所顯現的境相也都是虛幻的，其本身是空性的體性。

　　我們要如實清楚明瞭六道胎門的景象是什麼樣子？投生六道的話將遭受什麼樣的痛苦？因此應該努力地遮止自己墮生於六道中。當我們要找投生處的時候，應該要好好地觀察：到底自己即將投生之處是不是有佛法住世、弘揚？此投生處是否具足修行的各種善緣？我們要確實觀察之後才進入胎中。

　　在投胎中有階段時，最重要的一點就是知道眼前所顯現的現象之本質是虛幻的，所以對於一切境相的顯現不要生起強烈的貪著或是瞋恨的意念，並將自己選擇要投胎的父母觀想成是自己的上師與師母，繼而以這樣的清淨意念來入胎。

觀音菩薩的淨土圖

第七章

結語

長時不思死亡即將至，此生無義種種之作業。
而今空手而回極愚癡，應知所需尊勝之佛法。
即於此刻不修佛法乎？諸成就者口出如是言。
上師口訣若不持於心，何異自欺於己不真實。
如是中有聞解根本頌，輪迴未空之際不證覺。

　　如果我們在這一生中從來不思惟諸法無常的現象，
直到臨死的時候，才發現浪費了太多的時間在無意義的世
間法上，白白空過一生，就如同到了這個世間卻空手而
回，沒有帶走任何的東西，這實在是非常愚癡、悲哀的事
情。

　　很多人在這生中只在毫無意義的世間法上用盡心
血，卻從來沒有在正法上努力修持！也因為沒有修行正法
的緣故，到了臨終時便受盡各種痛苦。另一方面，我們在
此生中辛勤積聚的名、利、財富，甚至是自己強烈執著的
血肉身軀，到頭來沒有一樣是我們真正能夠擁有的。

　　死亡的時候，不僅是外在的資財、親戚、眷屬要捨
離，甚至於自己執著的血肉色身也必須捨棄。

　　按照西藏的習俗，人死亡之後，身上要穿著很破舊的
衣服，因為這個身體不是拿來砍一砍餵鳥（天葬），就是
丟到火裡燒掉（火葬），或者是丟到水裡（水葬）。西藏

人認為亡者的屍體是非常不淨、骯髒、必須要捨棄的；漢人比較好一點，人死了以後還會將其好好打扮一下，穿上好一點的衣服，並且裝飾著金銀財寶……等等，但其實這些都只是外相而已，實際上其本質都是一樣的。因為在這個時候，身、心已經完全分離，我們的神識已經離開而隨著各自的業報到六道中受生，剩下的軀殼將融入大地，與土、泥根本沒有什麼差別。

如果從外在來看，也許漢人關於死亡的那一套葬儀，看起來似乎是好一點的方式，但是就本質真實義上來講，其實兩種情況都是一樣的——心識既然已經離開身體了，這個軀殼就與土、石、草、木沒有什麼差別了。

因此我們應該知道在此生中對我們真正有幫助的、真正有需要的只有珍貴的佛法！雖然我們為了生活而需要有一份世間的工作，但是不應該只是沉溺在世間的工作上，反而應該盡力地多花一些時間在佛法的修行上，這也是所有諸佛、菩薩與成就者為了讓眾生修持佛法，不斷地傳授眾生殊勝解脫教法的緣故。

對於上師教授的各種修持要領，如果純粹只是聽聞，卻不能牢記在心，也沒有確實地修持的話，那麼與自欺欺人是沒有什麼差別的！因為你聽聞了以後，本身並沒有真正的了知、消化、吸收，這跟自欺並無差別，所以大家要好好地行持教法才是。

第
二
篇

六種中陰
的實修教授

The Tibetan Book
of Living and
Dying

第一章

正確的發心

　　我們平常的念頭有三種：一種是善的念頭，一種是惡的念頭，還有一種是不善不惡——無記的念頭。

　　一般我們說慈悲、信心……等等是善的念頭，為什麼是善的念頭呢？因為這些念頭會產生善的業，進一步感得樂的果，因此是善的念頭。而像瞋恨、我慢、嫉妒……等等是惡的念頭，若從這些念頭進一步去造作某種惡業，將會感得各種痛苦的果報，因此我們說這是惡念或是煩惱。

　　第三種是既不是慈悲心之類的善念，也不是貪、瞋、痴、嫉妒之類的惡念，它是一種既不屬於善、也不屬於惡的念頭——無記。為什麼說無記呢？因為從無記的念頭中，它不會去造作善業，也不會去造作惡業，最後也不會感得樂或苦的果報。

　　佛陀宣說了八萬四千種法門，而所有法門的法要總結來說就是：「諸惡莫作，眾善奉行，自淨其意，是諸佛教。」因此平常我們修行或學法時，必須把握正確的修行要領，這是非常重要的。如同岡波巴祖師所開示的：「如果自己不能如理如法地修持，卻只在口頭上說我在修行，往往會引領自己進入三惡道。」當然不是說這個佛法會引領我們進入三惡道，而是我們在修行的時候，雖然在口頭上、外表上說我們是個修行人、我們在修行，但是對於真正的修行義理、方法與要點卻完全不知道，表面上好

像自己是一個在修行的行者，但是所做所為卻與佛法相違背，因為這樣的緣故，反而會引領我們墮入三惡道。

因此，當我們聽法及宣說教法時，要以正確無誤的態度來求學與宣說。在一開始時要用什麼態度才是正確無誤的呢？那就是生起正確的發心。當你以正確的發心來聽聞的時候，所聽聞的法就是正確無誤的。有了正確的發心之後，能夠不為外境所迷亂，心很專注地在所聽聞、修持的教法上，這就是正修的部份。最後再將所修的功德廣做迴向。一開始發心，之後專注不散亂地修持，最後迴向功德，若能具足這三個要點，就是正確無誤的修持。

有一位持明上師策滇明巴曾經這樣開示：「如果我們所播下的種子是有用的，譬如是藥材的種子，所開出來的果也是藥材；如果我們所播下的種子是水果的種子，得到的就是水果的果實；如果我們播下去的是有毒的種子，那麼所開展出來的必定是有毒的果實。」譬如我們種的是酸的、苦的種子，長出來的就是酸的、苦的果實。同樣的道理，在聽聞教法的時候，以什麼樣的發心來聽聞，所得到的就是什麼樣的果，所以發心是非常重要的，因此我們應該要生起正確、殊勝的發心。發心分成兩個部份：第一是我們應該斷除不好的發心，第二個是我們該如實生起好的、正確的發心。

關於正確的發心，不只是傳法上師在傳法的時候要生

起正確的發心，受法弟子的內心也要生起正確的發心。什麼是正確的發心呢？如同前面所講的，我們常常會有善、惡與無記的念頭，在這三種念頭中，各種惡念要遮止、斷除，例如瞋心、貪心……等等念頭，在聽法的時候，要將所有惡念都遮止斷除。第二種是不要陷入無記念中，為什麼呢？因為無記的念頭本身並不是一種善念，修行則要努力地積聚善業，所以要把無記的念頭捨棄、放下。

　　我們應該要生起什麼樣的意念來聽聞佛法呢？那就是要以善的意念來聽聞教法，而在所有善念中，最根本的就是菩提心，所以要發起菩提心來聽聞教法。怎麼發菩提心呢？現在我們在這裡聽聞教法，不純粹是為了個人的利益，而是為了利益一切有情眾生究竟成佛的緣故而來聽聞教法。甚至依此實際去修行，以利益一切有情眾生，幫助眾生成佛解脫，這就是所謂的「發菩提心」。因此，先請大家清楚地觀照發心之後，再進一步接受關於六中陰的教授。

第二章

聽聞教法
而實修

第一節

中陰故事的警策

　　在此，跟大家分享一個關於中陰的故事，從這個故事中，希望大家對中陰會有更清楚的認識。

　　在西藏西部的地方，有一位對於《中陰聞教解脫法》修行得非常好的行者，名字叫「尼大武塞」，他有個弟弟叫「多傑佳晨」。那時該地區發生一種類似瘟疫的傳染病，許多人染病之後一直拉肚子，最後導致死亡，而弟弟多傑佳晨也在此次傳染病大流行中死亡。

　　當時哥哥尼大武塞住在山上，有一天突然想到弟弟在中陰裡的情形不知道怎麼樣？由於他在修行中曾經得到阿底峽尊者所傳下來的教授，知道觀察中陰裡有情眾生的各種現象與修持情境之口訣，而且依止這個教法修持之後獲得很好的證悟，於是當他想到弟弟後，就按照修行口訣去修持。

　　當晚在夢中，哥哥進入中陰的境界，渡過一條大河，回到他的家鄉。在家鄉的一片綠色山林中，他看到了

他弟弟。他弟弟在臨終中陰的時候沒有解脫，在法性中陰現起的時候也沒有解脫，所以當哥哥看到他的時候已經是在投胎中陰的階段了。弟弟跟生前的形像一模一樣，（在投胎中陰前面的階段，亡者的身形具有與生前相同的形像。）哥哥看到弟弟身上背著柴薪，（在西藏，人們是靠砍伐山上的木柴來生火。）帶著一副非常憂傷痛苦的表情從遠方向他走過來。剛開始他以為弟弟還沒死，便很高興地跟他說話：「你上哪裡去了？好久沒有看到你了！」

在談話之間，他弟弟完全沒有因為親人相見而產生很大的喜悅，反而非常憂傷、痛苦，哥哥就問弟弟：「在這段時間你都到哪裡去了？」弟弟說：「我幾乎走遍了每個地方。」（在《中陰教法》裡記載著中陰身常快速地四處移動。）

他再問弟弟：「有沒有什麼朋友跟你在一起？」弟弟說：「一開始的時候，有將近一百多萬人跟我在一起，後來大部份的人都掉落到一個很深的黑洞中。（在投胎中陰時，墮入三惡道的徵兆是掉進一個很深的地洞。）後來還有一部份跟我在一起的人，因為害怕強烈的狂風、大雨而逃到山上的森林裡，有些人看到地上有洞穴，就跑到洞穴裡面。我因為生前聽過《中陰教法》，知道這些地方都不是好的投生處，也都不是能夠去的地方，所以我沒有跟著

落入那些地方。」

接著弟弟又說：「因為在我生前常聽到哥哥常跟大眾開示中陰的情境，（尼大武塞是在《中陰教法》伏藏取出後的傳承持有者之一，因此在修持這個教法時，也不斷地跟眾生開示中陰的各種情境。）像你曾經說到在投胎中陰的時候會面臨許多諸如狂風、暴雨……等等恐怖的境相，而亡者因而感到害怕，便會想躲到山林或山洞裡面，但是這些都是不好的地方，絕對不能去的，因此我知道這些地方，便常常提醒自己。雖然很多朋友都墮入那些地方，但是我一直把持住，不讓自己陷入迷境中。」

弟弟又說：「現在我一直在尋找一個好的投生處，但是要找一個沒有惡業、可以好好修行的胎門好像非常困難，因為大部份都是去惡道的投生處。雖然我現在一直努力地讓自己安定在這個地方，心不隨著外境的恐懼而流轉，但是深怕再一、兩天就會隨著自己的業而墮入惡道中，因此內心非常憂傷。」

此時，哥哥再問他：「在家鄉基噶這個地方有很多人死亡，你有沒有看到來自家鄉的人？現在他們在哪裡？」弟弟說：「我在這段期間裡，看到很多基噶的同鄉，但是有很多人只是匆匆地見了一下面就離開了；有時候則會相聚近一天的時間，然後各自四散。其中有幾位

是曾經一起聽聞《中陰教法》的法友，我們共同相處了四、五天，有的人則是相處了十天後各自分散。其中有位阿尼，我看到她往山頂上走去，現在她到底去了哪裡？我也不知道。其他的人都是在剎那之間就分開了，現在他們在哪裡？我完全不知道他們的訊息。」

接著弟弟又說：「因為我在生前曾經聽聞《中陰教法》，也常常唸誦祈請文，以及內心虔誠地祈請的緣故，所以我在死亡的過程中，跟這些同參法友在一起的時候，我跟他們講：『我們都是稍微了解中陰情境的人，大家聚在一起，不要分開，這樣也許對大家更有幫助。』」

「就在這個過程中，因為我們生前曾經聽聞《中陰教法》，知道如何選擇一個好的胎門，還有如何避免墮生惡道……等等，於是大家都有一個共同的感觸──真正感受到《中陰教法》真的是非常殊勝，能夠讓亡者在中陰的種種恐懼情境中得到解脫、免除恐懼。在中陰的狀態下，也有很多人問我《中陰教法》，我就跟他們講關於中陰的情境，但是我在講的時候，發現自己說得很粗淺，很多地方也不是講得很清楚。」

「有一些同樣在中陰期碰到的眾生問我們這群曾經聽聞《中陰教法》的人說：『既然你們都知道中陰的境

相，也知道如何選擇正確的胎門，爲何你們在前面的階段裡沒有解脫呢？』當別人問我：『爲什麼你在法性中陰時沒有得到解脫？』我就講：『因爲生前在修《中陰教法》的時候，只修了一、兩次，沒有很精進地專注在這個法門上修持，如果生前能多修持幾次的話，當法性中陰期巨大的聲音與強烈的光芒顯現的時候，我的內心就不會恐懼。這一次因爲生前修行的習氣不夠強，所以在法性中陰現前，發出聲音、光芒的時候，內心因爲產生恐懼就昏倒了，所以在法性中陰沒有得到解脫。現在我在找一個好的胎門、一個好的投胎處，但是到現在還沒有找到。』而過不久之後，我跟他們又各自分散了。」

就在弟弟要離開的時候，尼大武塞跟在弟弟的後面，快步地追上去說：「你先不要走，我有話跟你說。你跟你那些在中陰碰到的同伴們講：『在基噶的一間寺廟裡，有一位尼大武塞上師在開示《中陰教法》，在法會的時候，請大家前去聽聞教法，我也會唸誦很多中陰的祈請文和偈頌，這些對大家會有很大的幫助。』」

弟弟說：「生前你爲我們講授《中陰聞教解脫法》，對我們有很大的幫助。從家鄉一起來的這些人，因爲曾經聽聞教法的緣故，都已經有很好的投生處，避開了惡道的痛苦，也都眞正知道怎麼選擇一個好的胎門，能夠有好的

投胎處。因此在中陰裡碰到的許多人都稱讚我們一起來的這些人怎麼這麼好，都能夠避開各種的痛苦，又能夠找到好的投胎處，實在是非常了不起！這一切都是生前你爲我們講解《中陰教法》的利益。」

「我現在正努力尋找一個好的投胎處，但是眞正好的胎門是非常少的，我所到之處所看到的都是非常惡劣的胎門，所以要找到一個好的投胎處眞的非常困難！」

他又說：「因爲生前聽聞《中陰教法》的緣故，所以我在中陰的過程中，能夠到現在還沒有隨著眾生墮入到其他地方去，一直安住在這個地方以尋找一個好的胎門。在這邊，我看到每個月幾乎都有上億的人們到這裡來，有些人來了一下子就往四處去，幾乎是不停止的，所以有非常多眾生進入這個境界中。我在這個地方長期地尋找胎門，到現在還沒有找到好的投胎處，所以我擔心過不了多久，也將會墮入前面所講的大地洞中而掉入三惡道的投生處，或者隨著大風、大雨的驅動，跟著這些眾生投胎也說不定。」

這時候弟弟一邊講，一邊很難過、憂傷地背著柴薪愈走愈遠，哥哥尼大武塞則在夢中哭醒。在夢中，尼大武塞在弟弟要離開的時候跟弟弟講：「你不要擔心，家鄉這邊可以爲你供養三寶，我也會爲你修法，持誦觀世音菩薩

的六字大明咒，然後興建六中陰的壇城，將所有的功德迴向給你，讓你能夠在中陰期得到好的解脫，所以你不用擔心。你說一直找不到好的胎門，其實你也不一定要到人道投胎，在中陰的過程中，只要向佛、菩薩或本尊祈請，就能往生到佛、菩薩的淨土中。你可以唸誦蓮花生大士的《往生蓮師淨土祈請文》，祈請能夠往生蓮花生大士的鄔金淨土。」

弟弟卻跟他說：「因為我這一生只活到三十七歲，人壽太短了，所以還是希望來生能投生在人道，再次獲得人身，所以暫時不想去蓮師淨土。」

金剛亥母

接著哥哥又問他：「你在中陰的過程中有沒有見到自己的女兒？」（多傑佳晨有個女兒也是在這次瘟疫中死亡，他女兒生前不肯修行，就此白白地浪費一生。）他說：「印象中似乎很匆忙地見了一面，但是見了面也沒有能力能夠選擇要相處多久，只是見了一面就馬上分開了，我現在也不知道她在

哪裡？」他一邊說著，一邊掉眼淚，顯得很悲傷。

尼大武塞又緊跟著弟弟，並且問他：「你在中陰期有沒有見到閻羅？」他說：「沒有見到閻羅，聽說在一開始掉落到黑色深洞中的眾生會見到，但我沒有見到，這是媽媽跟我講的：『不要墮入地洞中！墮入地洞中就會見到閻羅。』」

多傑佳晨生前曾經修持金剛亥母忿怒本尊，因此在中陰的恐怖境相顯現的時候，本尊顯現出他母親的樣子，不斷地提醒他一些事情。其實這都是因為他生前曾修習本尊金剛亥母法門，所以本尊在幫助他，但是在境相上，他看到的是媽媽的形象。

第二節
本章問答

一、剛剛仁波切開示，在中陰的時候同修法友可以聚在
　　一起互相提醒《中陰教法》，以趨善避惡，投生善
　　趣，那麼在同一時間內，眾生看到的情景都是一樣的
　　嗎？會不會因為業力不同而產生不同的情景？

答：一般來講，在投胎中陰的過程中，眾生還沒有真正
　　得到解脫、還沒有投胎時，如果生前做的善業比較
　　多，將會感得比較喜樂、比較沒有痛苦的情境；如果
　　惡業造得比較多，則會感得比較恐懼的情境。原則上
　　應該這麼講，大家能夠聚在一起是因為業力比較接
　　近，所以感得的情境也會比較相近。

二、我們在不斷的輪迴裡，應該如同不斷的線一樣。中陰
　　故事中的那個弟弟三十幾歲就死了，而我們在這麼長
　　的輪迴中死了那麼多次，我們可以在死亡中學習到什

麼？在那麼多回的中陰狀態裡，我們在生活中的習氣會不斷地累積，而我們也在中陰裡不斷地清淨，到底我們會得到什麼？

答：就像你所思惟的，無始以來我們不斷地在輪迴中流轉，一直在生處、臨終、法性、投胎四種中陰裡流轉，在這些流轉過程中，我們不斷遭遇這樣的經歷，對我們來講，照理說應該會累積一些經驗、學習到一些東西。但是事實上，由於本身的根本無明、我執的關係，我們在中陰狀態裡所體會到的只是更執著於一切都是真實的。在這樣的迷惑中，雖然曾經於生生世世中無數次地經歷同樣的情境，但是所學習到的並沒有辦法讓自己了解這是中陰迷惑的狀態，你的心非常迷惑地執著於一切是真實的。

而在這當中，你只是一直在重覆這種思維，而不是真正地學習，因此並未了解到中陰的實相是什麼，所以也沒有辦法由中陰裡得到真正的學習。因此我們可以說：無數次的中陰經驗雖然深深地根植在我們內心中，但是沒有一次的經驗真正對我們有幫助。

三、故事中的那個弟弟聽聞教法很多次，但是沒有認真地去修持，所以到了中陰的時候錯過了機會，但是仁波

切在前面說過《中陰教法》不需要精進地修持就可以得到解脫，到底該如何適當地修持才可以得到這個教法的利益？

答：哥哥在夢中遇見弟弟時，他弟弟講：「生前因為對於《中陰教法》沒有聽過很多次，只有一、兩次，所以他自己也不是記得很清楚，在跟人家講的時候也是有一段沒一段的。」因為聽聞只是在內心裡種下習氣而已，也就是我們在第一次聽聞以後，也許還沒有辦法很清楚地記住以及思惟中陰的道理。如果你聽聞了以後，真正能思惟中陰的義理，就能在內心把中陰的義理種下去。

以他弟弟來講，對於《中陰教法》只是聽聞，聽聞了以後由於自己沒有真正進一步地深入修持的緣故，所以在臨終中陰、法性中陰現起的時候，他沒有辦法認知一切，也就無法得到解脫。

雖然在前面兩個階段他沒有辦法得到解脫，但是到了第三個階段投胎中陰時，因為聽聞的利益，所以當時那些人會稱讚他能夠避開種種險境，那是因為他經由聽聞而得到的利益之故，所以聽聞教法並不是沒有利益的。

雖然在聽聞的當下能夠得到利益，但是真正在修行上

面要怎樣才能在臨終中陰、法性中陰得到解脫呢？

過去祖師大德們有這樣的比喻：「西藏人最害怕的就是惡犬，如果有七隻狗追在你後面吠，心裡還能清清楚楚地記得《中陰教法》的記載，就表示中陰教法已經深入你的內心裡面。」也就是說，當你遇到危難的時候，內心還能夠不忘失《中陰教法》的教導，這就是修行的功夫。

另外有這樣的一個開示：「如果你在睡夢中，一生中能夠有七次清楚地知道我在做夢、正在做什麼夢的經驗的話，那麼在中陰的時候一定能夠得到解脫。」

四、您曾提到在西藏有位大修行者在死亡以後安住於禪定中陰裡達十四天之久，神識才離開肉體（見上冊），為什麼要安住這麼久？是否安住在禪定的時間愈久，代表他得到的解脫果位愈高？

答：關於安住在「圖當」禪定中的時間長短與解脫成就的果位大小之間是沒有什麼關係的。但是之所以安住在「圖當」中一段時間，如剛剛所講的十四天，一來是因為他這一生修行的功夫；再來就是他本身的願，也許他發願以這樣的方式來度化眾生，所以安住在「圖當」的時間會有長、短的差別，這跟解脫果位的

大、小是沒有關係的。

五、我們一生在夢中只要有七次的知夢經歷，將來在中
　　陰身時必定得度，而在夢中知夢是否就是《那若六
　　法》中的「睡夢瑜伽」？如果是「睡夢瑜伽」的
　　話，在我們可預見的將來，倘若因緣具足，仁波切是
　　否能將這個教法傳授給我們？

答：關於密乘的修法有所謂的方便道與解脫道，《那若六
　　法》是屬於方便道的修持法門，要修持方便道必須
　　要有前行的功夫，要有修持本尊生起次第、圓滿次第
　　的本尊觀修功夫，還要圓滿許多修行的次第，如果說
　　在座各位能夠按照這樣的次第如實地去修持，也許以
　　後有因緣，弟子達到這個修行的功夫時，是可以傳
　　的。在前面有講到睡夢中陰，關於夢的修法講得非常
　　多、非常詳細，大家可以依此而修。

六、仁波切講到睡夢中陰的時候，一開始修持時頭要朝北
　　方，萬一我們家中的環境沒有辦法讓自己頭朝北方的
　　話怎麼辦？有這樣的限制嗎？

答：如果環境上不允許的話，只要生起這樣的意念：「我
　　的頭朝著北方。」即可。

第三章

禪定中陰
的實修教授

現在我們來做止觀，也就是「禪定中陰」的教授。
首先身體的要領就是之前我們所說的「毘盧遮那七支
坐」，可以的話就以七支坐法的要領來坐，如果腳沒有辦
法盤坐的話也沒有關係，最重要的是要將身體坐正、坐
直。

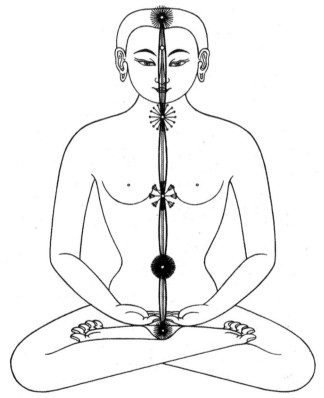

安住於身的要領「毘盧遮那七支坐」詳細說明詳見本書上冊頁61。

第一節

有相止

　　止觀裡有分為「有相的禪修」與「無相的禪修」二種，我們先依照「有相的禪修」來做。

一、數息

　　在有相禪修裡，我們先依氣息呼吸來做止的禪修。之前講到這是一種數息的方法，在呼吸時將氣呼出去、吸進來，將心專注在氣息的呼吸上。一呼一吸之後數一，從一數到七或二十一，專注在呼吸上，心不要散亂，不要為其他的外境所擾動，這就是最重要的要點。現在就由一數到二十一。

二、觀想本尊

　　現在再做另一個練習：觀想心間有八瓣蓮花，蓮花上

蓮花生大士

坐著阿彌陀佛、觀世音菩薩、蓮花生大士，或者是平時修法的主要本尊，將心安住在這樣的觀想中靜坐。

三、觀想光點

接著用第三個方法，觀想在自己的眉間處有白色的光點，將心安住在這個白色的光點上而不散亂，如實專一地安住。

四、心住於所見的對境

現在以眼前任何一個對境，例如：花或佛像、桌子、油燈、牆壁……等等看到的任何外在物相都可以，將心安住在上面，毫不散亂。

以上這幾個修持的方法，都是依止外在的對境而將心安住在上面的修持，這都是屬於有相的禪修。

第二節

無相止

　　我們進一步將心安住在毫無所緣、不緣於任何外境的「心的本質」上，以這樣的方法來靜坐，也就是無相的禪修。

第三節

九次第定

就止的方面來講，有「九次第定」或「九住心」的修持方法。

一、內住

第一個次第稱為「內住」。所謂「內住」就是不論依照有相或是無相的方法，在修持的當下，心非常專注在所緣的境上，不散亂於外境，這就稱為「內住」。

二、續住

第二個次第稱為「續住」。這是什麼意思呢？當心專注於所緣的境相上之後，進一步是以更長的時間來安住在這樣的情境中，這稱為「續住」。

前面的「內住」是心能達到專注的情境；而進一步地心能持續安住在所專注的情境中則稱為「續住」。

三、安住

第三個階段稱為「安住」。所謂的「安住」是：在這樣的專注下，有時候也會有一些妄想念頭產生，當妄想念頭產生的時候，心馬上就能夠覺察到，因此心不會隨著妄念而不斷地散亂。當覺察到妄念生起時，馬上收攝自心，回到專注的情境中，這就稱為「安住」。

在「續住」的情境中有時候會有妄念的生起，當妄想念頭生起的時候，心一覺察到，馬上就回到專注的情境中，不會隨著所起的妄想念頭不斷地攀緣而散亂在妄想念頭中。

四、近住

第四個層次稱為「近住」。何謂「近住」呢？在第三個階段中，當妄念生起的時候，由於止的力量，於當下覺察後，便將妄念的心馬上收攝回來到專注的情境中，這稱為「安住」。進一步到了「近住」的時候，當妄想念頭生起時，覺知的心與本來安住不動的專注心二者完全融合，不再是有明顯的妄念生起，且經過覺知後才收攝回來，繼而念起當下的覺知與本來心安住的情境二者已經融合，這稱為「近住」。

五、調順

第五個次第稱為「調順」。「調」是「調伏」，「順」是「平順」。這是什麼意思呢？也就是說：當我們的心能夠安住在專注中，因而進入類似所謂「三摩地」的情境，當下內心憶念三摩地的功德，於是生起極大的喜悅，之後如實地安住在這種喜悅中。

六、寂靜

第六個次第稱為「寂靜」。「寂靜」就是當我們的心安住時，有時受到妄念的干擾，心就沒有辦法安住在三摩地中，也沒有辦法安住在專注中，因此確實地知道妄念擾亂禪定。

因為知道妄念的過失而生起非常堅定的意念要遮除各種貪、瞋……等妄念的擾動，然後安住在這樣的情境中，這就稱為「寂靜」。

七、最寂

接著第七個層次稱為「最寂」，也就是最寂靜的「寂靜」，也就是比剛剛第六個「寂靜」更深一層，稱為

「最寂寂靜」。「最寂寂靜」指的是我們在禪定中，心之所以不能夠安住，是因為心散亂於種種的外境或是內境。

所謂散亂於外境是散亂於外在的色、聲、香、味……等等外在的境相；心散亂於內境則是內心產生各種不如法的意念、煩惱、妄想……等等。如實地知道各種內、外境會擾動自己的內心，讓我們無法安住於三摩地中，所以在各種會散亂我們自心的內、外境相之本質上如實了知，然後安住。

八、專注一境

第八個次第稱為「專注一境」或是「專注一趣」。什麼叫「專注一境」呢？這是指在剛開始修「止」的時候，往往需要透過刻意的努力來修持，讓心慢慢地達到專注。但是到了第八個層次的時候，心已經自然地能遠離一切作意而安住在專一的情境中，如此稱為「專注一境」。

九、平等住

第九個層次稱為「等持」或是「平等住」。所謂的

「平等住」就是當你安住在專注的情境中，對於散亂、不散亂或是專注、不專注這二者是完全沒有分別的，如此將心確實地安住在無差別的情境中，這就稱爲「等持」或「平等住」。不論是確實安住在三摩地或沒有安住在三摩地中，心對於一切的內、外境都沒有產生任何的散亂，這就稱爲「平等住」。

第四節

修止時的
過失與對治法

　　以上所講的「九次第定」，是九種在修持時能夠讓心如實安住的方法。然而我們在修持的過程中，常常會產生各種修止的過失，在這些過失中最主要的則是「昏沉」與「掉舉」。

一、昏沉的過失與對治

　　首先講「昏沉」或者是「昏睡」這方面的過失。所謂的「昏沉」就是當我們在禪坐的時候，心已經不清楚了，對於所緣的境、所觀修的法門已經沒有清明的特質，這就稱爲「昏沉」，嚴重的話就進入「昏睡」。

　　在這個時候，有一種對治的方法是：內心將思惟的

意念往上提，也就是緣想對境的上方，讓心的覺性能夠
提起。而在身體姿勢的要領上，要稍微將身體坐正、挺
直，眼睛盡量往上方看。在外境上則看著比較明亮的地
方，這是一種對治的方法。

二、掉舉的過失與對治

　　第二種過失是「掉舉」，也就是內心各種妄想、念頭
不斷地生起，無法調伏。當有「掉舉」的現象時，要將心
所緣想的對境盡量地往下想，眼睛盡量看著對境的下方或
是微微閉上眼睛。在身體的要點上，則可以稍微放鬆，這
是對治「掉舉」的方法。

第四章

生處中陰的
實修教授

　　以上是關於修「止」的教授，現在開始進入「六中陰」的教授。之前我們講過關於六中陰的口訣，現在則從我們內心的意樂上來修持六中陰的修持法。首先是修持生處中陰，其教授包括兩種：

　　第一是在「境」上修所謂的「相空」。一切的顯相都是空性的，此即「相空」的修持。

　　第二是在「有境」上修「覺空」。「有境」就是指「有對境」與「對境者本身」。

對境修相空

一、觀鏡中影像無實的修持法
——斷除對一切法的執著

（一）觀看鏡中物品的影像

　　在境上修相空是怎樣的修法呢？就是在我們自己的面前或是修法的地方放一面鏡子或水晶球，之後在鏡子的前面放一些非常美麗的、自己平常最喜歡的物品，甚至將自己打扮得漂漂亮亮地站在鏡子或水晶球前面。接下來，依修法儀軌所說地將身體躺下來看著鏡子。但是因為我們修法時有各自的環境限制，所以也不一定要躺下來，只要在鏡子前面放這些東西，然後看著映在鏡子裡的影像，好好地看著他。看的時候要如同下面的教授去思惟，也就是從我們的意樂上面去修持。

（二）練習「執著鏡中影像為實而生貪心」

第一步開始練習生起一種貪著的心，首先看著鏡中的影像——包括自己美麗的身體與各種的莊嚴、財物……等等在鏡子裡面映現出來的境相。看到這麼美麗的東西，內心生起：「這些都是真實的、這些都是我所喜歡的、這些都是漂亮的。」這樣的貪著心，繼而在心裡想：「這些都是我的！這些都是真的！」你就這樣看著境相，內心不斷生起：「這些都是非常漂亮、真實的，而且都是我的！」這類堅定的意念，如此經過一段時間後，再進一步做如下的思惟。

（三）思惟鏡中影像不真實

看著鏡中的種種境相，反過來則生起另一種意念，思惟著：「其實這些都只是顯現在鏡中的影像而已，並沒有一個真實的本質，也沒有一個真正的我在那個地方，也沒有一個是真正我能擁有的東西，也沒有真實的實物在那裡！」當你生起「這些都是不真實的」反觀意念時，之前所生起的「這是我」、「這是我的」的執著心，當下就被斬斷了。

(四) 觸摸鏡中影像思惟其顯相為無實

有時候自己可以試著用手去觸摸鏡中所顯現出來的境相，你會發現根本觸摸不到這些東西！這時候我們的內心應該這樣思惟：「原來鏡子裡面的影像只有相的顯現，根本沒有一個能觸、所觸的真實對境。一切鏡中影像其實並不是存在於鏡子裡面，也不是在鏡子外面，它只是一個外相上的顯現，本身並沒有一個真實的本質，甚至是一點都不真實的，沒有一點真實的存在！」我們藉由如此思惟而了解：一切色相的顯現其本質與空性是無二無別的，這是一種觀修的法門。

(五) 再觀自身、家財等事物亦無實

進一步再將這種意念轉到自己的色身上面，不再是只限於鏡子裡面的影像，連自己的身體以及家中的各種財物……等等，在心裡思惟著：「我們自身、甚至眼前的一切財物也是如此，只有外相，卻沒有一個真實的本質。」

(六) 反覆練習

接著再一次回到鏡中的影像，再次生起執著一切都是真實的意念，想著：「鏡中所顯現出來的家中一切器物的影像都是非常真實的，都是我的東西！」如此再一次生

起像平常認爲「一切都是眞實的」這種堅定、執著的習氣，之後再反過來想：「鏡中影像其實只有相的顯現，沒有一個眞實的本質。」如此再一次從反面推翻之前生起的「一切都是眞實的」這種執著意念。

像這樣不斷地反覆練習，到最後，我們的內心將生起確實而堅定的意念：「一切鏡中的影像都只是顯相，相的顯現本身其實本質即是空性，然而雖然是空性，卻又能無礙地顯現出各種境相。」。

（七）用意念觀修的力量

關於這個修持法門——對著鏡中的境相，內心生起：「這些境相都是眞實的，都是我的！」如此強烈的意念，經由修行，使意念不斷增強，這些東西在你的習氣上，便會眞的認爲它們都是眞實的、都是我的。

就好像龍樹菩薩（或者是世親菩薩，他們兩人其中的一位）的一個故事，他有個弟子追隨其修行，但是無論師父教他任何修行法門他都修不來，沒有辦法契入，後來龍樹菩薩（或世親菩薩）依著他的弟子原本是個放牧牛羊之人的習氣而教他觀想頭上長出兩個牛角。弟子就想：「我頭上有兩隻角。」最後他的頭上眞的長出兩隻角，這就是習氣。當你不斷地依此思惟的時候，到後來就會變得非常習慣，因此藉由意念去觀修，眞的會產生出一種力量來。

（八）對執著輪迴為真實的眾生起慈悲心

同樣地，在觀想一切外境是相空的修持中，第一步是對著鏡中影像不斷思惟：「這一切都是真實的。」因此內心會產生一種堅定的執著：「那是真實的。」

當產生了這種感覺以後，再進一步地觀察思惟：「這些所謂真的事物是真實的嗎？其實在鏡中的境相沒有一個真實的色境在那裡，只是一個相的顯現，並沒有一個真實的『我的本質』在那個地方。」藉著如此的觀修，可以了解：「原來我及我所認為的真實的色，其實是沒有任何真實的本性的，甚至根本是沒有的！」因此便可以了解一切顯相都是空性的。

你也會了解到鏡中一切影像的本身是虛妄的，是不真實的，只有一個外相，卻沒有一個真實的本質。同樣地，輪迴中一切的境相也是如此！

輪迴中的境相是由於眾生自心的無明、顛倒、迷惑的緣故，才將輪迴中不真實的境相執著為一切都是真實的，繼而對其生起貪、瞋、癡……等等意念，再由於貪、瞋、癡……等煩惱意念而造作各種業，最後感得無盡的輪迴痛苦！對於這樣的眾生，我們應該於內心生起無比的悲憫、無比慈悲的意念，這是進一步的修持。

（九）看鏡中影像做觀修的道理

為什麼我們要看著鏡中一切的影像來做觀修呢？因為我們很容易可以了解這些鏡中的影像是不真實的，只有影像的顯現，沒有真實的本質。所以經由這樣的了知，再進一步將這種覺知對應到外界所有的境相中，譬如家中的一切事物，甚至是自身⋯⋯等等，不斷地如此去思惟、修持，慢慢地，我們對於自己周遭一切外境事物的執著心（例如：認為一切都是真實的、是我所擁有的）會愈來愈少。接著再將這樣的意念放到所有的法上面，如實地觀修：「一切的境相其實都是如此！」於是經由不斷地思惟、修持，慢慢地，我們對一切境、一切法那種「執為實、我、我所」的意念自然就會愈來愈少。

二、斷除對自身執著的修持法

進一步還可以進行斷除對自身執著的觀修。如同前面一樣，自己在鏡子前面穿得漂漂亮亮的，並且化妝、打扮得非常美麗，再好好地看著鏡子，不斷地思惟並且覺知：「在鏡中的我，其影像以及我自身兩者其實都是不真實的。」藉由這樣的方式可以斷除我們認為色身、自身是真實的執著。

由此可以了解到：在鏡子裡面的自我身形及鏡子前面的我們自身，二者的本質其實都是沒有眞實性的。爲什麼呢？因爲從鏡中的影像，我們了解到：「其實鏡子裡面本來並沒有這樣的身像，是由於鏡子前面有一個我的色身，藉由鏡子的映射才顯現出色身的影像來，所以鏡中的影像是由於有鏡子作爲基礎，藉著種種因緣的和合才顯現出來。所以鏡中影像本身除了由因緣聚合而顯現之外，並沒有任何眞實的成份或本質存在。」

鏡中影像是如此，其實我們自身也是如此。現在這個身相也是由於父精、母血與意識的投入，再加上我們過去生所造作的各種業緣，所以才在此生中有這樣一個色身的顯現，除此以外，並沒有一個具有眞實本質的色身存在！藉著這樣去理解，便可以斷除對自我的貪著心與認爲自身是眞實的煩惱意念。

三、觀察修──觀察思惟的修持

我們藉著鏡中的境相來思惟、觀修，了解鏡中影像都是虛幻不實的，沒有實質；並且從鏡前我們自身的身形上去思惟，發現其實自身也跟鏡中境相的本質一樣，只有影像的顯現，並沒有一個眞實的本質，繼而從這樣的修行中了解一切法都是不眞實的，雖然有顯相，但本質都是空性

的，這就是所謂「藉由外境而修持相空無別」。

用這兩個方法來交替修持，這就是所謂的「觀察修」——觀察思惟的修持。經由這樣的修持，本來「執著一切法為真實的」與「強烈執著為我的」這二種力量，在心中會愈來愈淡。一直到我們內心真正生起非常堅定、非常確定的「一切法本身都是不真實的，在勝義諦而言是空性的」這個意念之前，都要好好努力地按照這種方式來交替修持。

等到你真正能夠很自然地見到鏡中影像時便確實了解：「鏡中影像本來就是虛妄不實的、沒有任何真實的本質」，並且在見到一切外境的時候，也如實地認知一切都是不真實的，這時就沒有了真實的執著，沒有了我的執著，因此內心裡面的五種煩惱，例如：對境起貪心、瞋心……等等，就不會強烈地生起；因為三毒等煩惱不會強烈地生起的緣故，自然就不會再造作強烈廣大的惡業，因此也就遮止了許多惡業的果報。

對語修聲空

　　我們要了解自身沒有任何真實的本性與本質，亦即身本來就是空性的。現在則進一步針對各種聲音與我們的語來觀修一切聲音都是空性的。

　　在聲音的觀修方面，如同前面的次第，我們走到較高的山上去聽山谷的回音，如果不方便到山上去聽山谷的回音，可以在家裡對著錄音機講一些話，然後把這個聲音放出來，就好像在聽回音一樣，這是同樣的意思。

一、觀修山谷回音與錄音機、電視的聲音

　　第一個步驟是：你在聽山谷回音的時候，無論你對山谷講什麼聲音，最後聲音又折返回來，你要想：「這些聲音本身都是真實的。」不論你發出什麼聲音，山谷回音都會返響回來，你的內心要堅信這些都是真實的聲音。接下來再去思惟：「山谷中的回音，充其量只是我發出某種聲音，山谷跟著回傳出這樣的聲音，除此之外，山谷回音本

身並沒有任何的真實性。山谷並沒有意念要講這句話、要回應這樣的聲音，其本身根本沒有任何的意念，只是我給它一個聲音，就由山谷中回傳這個聲音。」

在錄音機或電視裡的種種聲音也是如此，錄音機本身並沒有意念要講這些話，錄音機中的一切聲音是我剛剛所講的話透過機器的設備與構造而將聲音儲存在裡面的，然後再經過機器的轉換發出聲音來，至於電視裡面的聲音也都是如此。

一開始，我們認為這些都是真實的聲音——這是我的聲音、那是山谷的聲音，但是這樣的執著是沒有意義的，因為山谷的聲音本身是不真實的，沒有真實的本質。我們就按照上述的方法去觀修。

二、觀修自己的聲音和話語

因此我們藉著山谷的回音與錄音機的聲音不斷地去觀察、思惟：「這些山谷的回音只是有聲音的迴響，本身是沒有真實本質的。錄音機中的聲音也只是透過機器保留聲音的訊號，最後再由機器的作用播放出來，是因緣和合而成的，聲音本身並不真實。」經由對回音與錄音機傳出的二種聲音的覺知，進一步再觀察我們自己所發出來的各種聲音和話語，其本質也是這樣的。

因為我們對境的時候，內心起了某一種意念，於是透過喉嚨的結構及相關的發音器官，便產生了聲音和話語。除此之外，聲音和話語本身並沒有任何真實的本質！

三、兩種方法交替觀修

在這兩者之間，我們先對回音做思惟，然後再回過頭來思惟自己所發出來的聲音，如此不斷地交替觀修，便能讓我們真正了解所謂「聲空無別」的意義。

四、觀修所有的聲音和話語

接著對所有的聲音和話語，不管是你認為好聽的、不好聽的、稱讚你的、譏毀你的，甚至是不好不壞的聲音或話語加以確實觀修，觀察這些跟山谷的回音、錄音機與電視機裡播放出來的聲音在本質上有沒有任何差別？於是我們便能了解聲音的本質是空性的，沒有任何的真實性可言。

當我們對於聲音的本質確實了解到是聲空無別的、是不真實的時候，那麼我們對聽到的聲音自然就會減少執著，因之而起的貪、瞋……等煩惱也就會愈來愈被降伏，於是便愈來愈不會對聲音產生煩惱。

第三節
對心修覺空

　　前面講了兩點，第一點講的是藉由色身來觀「相空無別」，這是屬於「外」的修法，「內」的修法是藉由語觀修「聲空無別」，進一步在「密」的修法上，則觀修我們的意是「覺空無別」的。

一、觀修雲及風

　　第三種修法是由觀修心無實相來了知空的本質，這是藉由空中的雲以及風來思惟、觀修。藉著虛空中的雲，我們去觀看、尋找、覺察：「這個雲是由什麼地方生起的呢？它如何產生這樣的相呢？又是怎麼安住的呢？最後它會如何變滅呢？」

　　一般我們會說：「它是怎麼生？怎麼住？怎麼滅？」或是講：「怎麼來？怎麼住？怎麼去？」藉著觀察雲朵，我們可以思惟虛空的雲其實也沒有一個來處。你說它住著嗎？它也是時時刻刻在變換的，因此也沒有所謂的

住，當然也沒有所謂的去。虛空的雲就是如此，沒有所謂的「來、住、去」。觀察風時也是如此：「風從哪裡來？在哪個地方住著？到哪裡去？」其實風一樣也沒有所謂的「來、住、去」這三項。

二、觀修自心

進一步再思惟我們的自心其實也是如此——隨著種種的外境而產生各種的妄想、分別，除此之外，心並沒有任何真實的體性與本質。心也沒有一個起處，沒有一個住處，當然也沒有一個去處。我們在這樣的觀察中，可以了解到心本身並不是一個真實的東西，因為它是無實的，根本沒有所謂的起處、生處可言，所以是無實的情境；也沒有所謂安住在什麼地方，沒有任何住處可言。

既然心沒有生、沒有住，自然也就沒有滅可言。經由這樣不斷地分析、思惟、觀察，我們可以如實地了知心本身是離生、住、滅的，是無實的，其本質是空性的。

三、兩種方法交替觀修

藉由外境的雲和風去觀察、思惟，我們了解雲和風本身沒有真實的本質，也沒有所謂的生、住、滅可言；再進

一步思惟心的本質也是如此。在這兩個對境上交替、深入觀察與思惟後，我們最後即能生起非常確定的意念——了知心的體性是無實的、是空性的。

雲在虛空中，有時候是聚集在一起成爲一團、一團的，雖然如此，但是它的形狀一直在變易，是不住的。同時雖然虛空中有雲的顯現，但是雲卻不會黏滯在空中。

在這樣的觀察、修持方法中，我們藉著對外境的雲和風所做的分析及譬喻，再反觀我們的自心也是如此——自心也是在起著各種不同的迷惑、妄念，念頭也是刹那、刹那間地在改變，不是一直固定不變的，它是不住的。念頭本身不斷地在變易，有時候是苦的念頭，有時候是樂的念頭，有時候則是煩惱的念頭……等等。雖然不斷有各種念頭產生，但是這個心在法性上是一點都不存在的。

心沒有黏滯在法性之上，然而我們卻認爲有一個所謂眞實的心，於是產生各種的迷惑！就如同雲雖然沒有黏著在虛空中，我們卻看到虛空中有各種變易的雲層現象。我們藉由雲和風做譬喻，以雲和風的本質去觀照心的本質，如此不斷地交替觀察、修持，最後即能如實了解心的本質是空性的。

第四節

觀修身語意的原因

　　當我們安住在生處中陰的狀態時，我們就是需要藉由上述的觀修方法，讓自己確實了解一切身、語、意的現象本質上都是空性的，都是不真實的；透過身、語、意三方面的如實觀修，可以得知相空、聲空與覺空是無別的。

　　為什麼要有這樣的觀修呢？我們知道眾生的心念充滿貪、瞋、癡三毒的煩惱，而三毒煩惱主要是透過我們的身、語、意來展現的，例如：起貪的時候是經由身、語、意去展現對境的貪，乃至於起煩惱或是起種種的惡，都是經由身、語、意來展現，因此我們在修持的時候，也要透過對身、語、意上的了知來淨除這些過失。

第五節
本章問答

一、當我們觀修本尊時，我們觀想蓮花，然後有本尊安住
　　其上，所謂的安住是不是連持咒、數息都不需要？

答：譬如觀想心間蓮花上有本尊，心就專注在那上面。藉
　　由此，將心完全安住在上面，這是這些方法最主要的
　　目的。我們修行的時候，一開始先從比較大、比較粗
　　的外相慢慢進入比較細的對境。這個對境的物品其實
　　也沒有好、壞差別，因此你可以將最習慣、最喜歡看
　　的東西當做修持的對境來修持。讓心安住的禪修方法
　　有所謂的「九住心」，就是讓心安住的九個次第。

二、修持相空和聲空是必要的次第嗎？可以直接進入覺空
　　的修持嗎？

答：按照次第來修是最方便的，為什麼呢？由粗到微細的
　　話比較容易覺悟。當然如果你真正覺悟到「覺空無
　　別」的話，前面的「相空無別」與「聲空無別」也一
　　定會如實了知的。

第五章

臨終中陰的
實修教授

現在要講的是臨終中陰的觀修法門。在臨終中陰時最要緊的修持是什麼呢？第一個是對於消融次第如實地了知；第二個是知道消融次第的現象後，一心專注在頗瓦法的修持上，以及如實地融入本具的光明中。

第一節
了知消融次第的現象

我們首先再回憶一下什麼是臨終中陰的現象：在臨終的時候，身體之中，粗的五大會慢慢消融入微細的五大中，而粗的識的作用會融入細的識中。

當面臨死亡時，一剛開始，比較粗的地、水、火、風漸次消融：首先地大融入水大，水大融入火大，火大融入風大，最後風大融入心識中。同樣在六識中，首先前五識之眼、耳、鼻、舌、身識會消失融入於第六意識，進一步第六意識再融入阿賴耶識，最後阿賴耶識再融入心體本具的光明中。

在這樣的消融過程中，會產生「明、增、得」三種現象。第一個所謂的「明相」也稱為「白道」，也就是白菩提下降的時候所展現出來的白相境界；之後是「增相」，紅菩提上升產生紅相境界；最後紅白菩提在心間交融，會進入一種完全黑暗的情境，我們稱為「黑相」。這是愈來愈接近死亡，消融次第愈來愈微細時會展現的種種現象。

以下針對臨終中陰的各類情境，進一步說明在實際修行時要如何觀修。

第二節
頗瓦法

臨終時修持的頗瓦法包括兩個次第：

第一個次第是比較粗的氣息（外氣）已斷，在粗分的四大消融階段時，可以向阿彌陀佛虔誠祈求往生極樂淨土，之後進行頗瓦法觀修，將我們的神識遷轉、投入到佛的淨土中，這就是第一種頗瓦。

第二種頗瓦法指的是在外氣已斷，內在微細的消融愈來愈微細，到最後所謂「增」的光明展現時所修持的頗瓦法。

「增」的光明即所謂的心性光明，也就是空性的境界，或是大手印、大圓滿或一切智的境界……等等，這些都是指心的體性、心的法性。

由於現在我們被非常粗的五蘊色身所遮蔽，具有各種不清淨的妄念、分別念……等等的緣故，所以覺察不到心的體性，也顯露不出來。但是到了臨命終時，粗相

（粗分）的消融結束，微細（細分）的消融慢慢進行到了最微細的時候，所有粗重的遮蔽便完全消失，最後心體本自具足的光明就會展現出來。這時候如果能如實認知這就是心體本具的光明，然後融入其中，即稱之為「法身的頗瓦」，這是第二種頗瓦。

　　因此在修行中，對於消融次第的過程要能如實了知，對於心的法性本質要確實地修持，這就是對治的方法。

阿彌陀佛極樂淨土

第三節

模擬死亡的觀修法

一、模擬死亡時呼吸停止的情形

　　爲了面對臨終中陰的境相，我們在生處中陰——也就是還活著的時候，需要用方法來練習。首先找一個沒有很多人吵鬧、非常舒適、適合自己修行的寂靜處；接著自己用手把自己的嘴巴和鼻子遮住，暫時停止呼吸，而且在時間上稍微維持久一點，以此來模擬死亡的情境。

　　因爲不能呼吸的緣故，身體會產生一些不舒適的感受，甚至是很強烈的痛苦感受，然後在這上面加以觀修。爲什麼呢？因爲當我們未來面臨死亡的時候，最大的轉變就是呼吸停止，在呼吸停止的當下，心裡會產生強烈的痛苦與恐懼，所以現在修持的時候，就以這種方式來模擬，讓我們將來面對臨終中陰現象時，內心不會產生痛苦與恐懼。

二、觀修的方法

(一)思惟眾生皆必然得面臨死亡之苦

接著在這痛苦的感受上進一步思惟：「所有的有情眾生必然會面臨這樣的死亡情境，只要是出生、活著，最後一定要面臨死亡。而面臨死亡的時候，一定會經歷死亡的痛苦，這是所有有情眾生必然會面對的！」

(二)願眾生皆能免除死亡的痛苦

進一步再思惟：「自己的父母、親戚、眷屬或要好的朋友同樣會面臨死亡，而且不只是其他的眾生會面臨死亡，自己也會遭遇死亡的情境。我現在只是短時間地停止呼吸就已經這麼痛苦，如果在刹那之間不趕快呼吸的話，自己都沒有辦法忍受，一旦真正面臨死亡的時候，氣息完全斷除，沒有任何辦法能讓氣息不中斷，屆時所面臨的痛苦將比現在更加強烈，因而必然遭受無量的苦！」

「一切有情眾生必定都會在死亡的時候遭受無比的、不可思議的痛苦，因此我們此時在內心應該對一切眾生生起無量的慈悲心，願大家能從痛苦的輪迴困境中得到解脫，並願一切眾生都能夠免除死亡的痛苦。」

(三)思惟暇滿難得、願證無死解脫

因為我們對一切有情眾生所受的死亡痛苦心生悲憫，因此要再思惟：「自己能夠得到一個修行所依的暇滿人身，能夠聽聞到正確殊勝的佛法，又能夠值遇善知識教授我無誤的修持，這是非常稀有難得的！」因此內心應該發願：「我要證得無死的成就，無死的解脫！」

(四)觀想自己即將死亡，
並將財物、親眷等上供下施

接下來我們要發心，為了希望能夠幫助眾生脫離死亡的痛苦、得到究竟解脫的果位而如實地思惟、修持。要思惟、修持什麼呢？第一步是對於死亡的過程、死亡的消融次第做確實的修持。

此時要設身處地的去想自己已經處在面臨死亡的情境，這就是剛剛講的一開始遮住自己的口、鼻以體驗臨終中陰的境相。之後依內心所生起的痛苦感受而悲憫一切有情眾生，發願為幫助一切有情眾生解脫而修持。

有了這樣的發心以後，進一步地觀想：「我已經是將死之人，身體四周圍繞著親戚、朋友、父母、眷屬乃至於僕人。」我們進一步觀想在自己四周有父母、眷屬圍繞著，心裡這樣思惟：「我現在快要死了，在我臨死

的時候，對我自己擁有的財富、房舍，乃至於親戚、眷屬……等等，內心都不要貪著，並且將我所有的資財一部分布施給貧窮的眾生，一部份供養給三寶。」內心如是生起這樣的意念。

必須說明的是，之所以做這樣的觀修，是因為在死亡的時候，自己生前所積聚的一切，不論是外在的財富、房子，乃至於所有親戚、眷屬、喜歡的友人，在死亡的時候必然會面臨與之分離的痛苦，所以我們做這樣的思惟與觀修，在臨終的時候便能夠減少自己對親戚、眷屬的貪著；縱使沒有辦法斷除執著的意念，至少能減少執著，因為少了貪著，相對地，別離的痛苦就會減少。

如果我們修持得非常好，當然能夠究竟斷除對一切外境的執著。因為自己內心貪著的緣故而會產生強烈的痛苦，使我們沒有辦法順利投胎，或者是障礙我們得到解脫。這些臨命終時因貪執而障礙解脫的情境，在中陰教授裡也不斷地被提到。

以前在大陸有個寺廟，寺廟裡面有位總管負責管理寺廟中一切錢財的進出。這個總管在管理寺廟錢財時，自己私下也貪了一些金銀，藏在地窖下面。後來他死了，這筆錢也沒有拿出來還給寺廟，就一直放在地窖的木板下面。總管死後投生為一隻水牛，水牛頭上的角自然湧現出總管生前的名字，一開始並沒有人注意到。

這隻水牛常常到寺廟裡來，圍繞著寺廟，還一直繞塔，不斷地哀鳴，在地上一直扒，多次想要進到廟裡，但是僧人不讓牠進去。因為次數非常頻繁，寺裡的僧人就想一定有什麼因緣，因此有一天就放這隻牛進入寺廟。這隻牛就自己走進總管生前所住的房子，用腳在地上拚命扒，把地板弄破之後，大家才發現裡面都是總管生前所累積的金銀！那時候廟裡的出家眾又進一步發現牛角上有總管生前的名字，於是寺廟因為這樣的因緣而把這隻牛買下來，放生在廟裡面，並為牠修法迴向。這隻牛死了以後，牛角還一直保留在寺廟裡展示給信眾看。

若我們生前對於錢財非常貪著的話，死了之後，縱使投生為畜生，對生前財物的執著還是會不斷展露出來。這付牛角在西元1959年以前還一直陳列在寺廟裡面，許多人曾到寺廟裡看過，現在就不知道了。

因此如果現在不好好修持、不深入思惟的話，到了死亡時，要對於自身所擁有的財物與色身不生貪著是非常困難的！為什麼呢？因為自己的色身以及今生所積聚的財富，都是辛辛苦苦積聚而來的，也因此我們已經在內心種下非常強烈的習氣和執著。只有現在活著時不斷地思惟、修持，才有辦法慢慢地將這種貪著的意念轉化，甚至進而斷除。

在臨終的這個階段，除了斷除對一切的貪著以外，進

一步要生起對三寶、三根本虔誠的恭敬心，將自身所有的財物供養給三寶，乃至於布施給一切的有情眾生。藉著這樣的供養及布施，內心將生起強烈的善念，便能夠累積廣大的功德。

(五)思惟死亡無實

進一步要怎麼樣思惟呢？首先，內心這樣思惟：「死亡的現象也是不真實的，只是因為自心迷惑而有所謂的生，生了以後有死的各種境相。其實死亡本身並不具有任何真實的本質，因此我在面臨死亡時，心裡所產生的各種恐懼不也是非常虛妄不實的嗎？」

(六)思惟色身非我，對其而言亦無死亡

接著再思惟：「我現在的身體只是一個軀殼而已，這個身體也不是我，對於由血肉所組成的軀體沒有死亡可言，因為沒有心、沒有主體，因此對這個軀殼而言，根本沒有死亡這回事！」經由這樣的思惟，可以斷除對色身的執著及面臨死亡時所產生的各種恐懼。

(七)思惟死亡是契入法身解脫的好機會

進一步再想：「其實死亡對一位瑜伽行者來說，並不是充滿恐懼的現象，而是能契入法身解脫的最好途徑與

機會。」馬爾巴祖師說：「死亡並不是單純只是死亡，死亡是行者契入解脫成佛的一個很好的機會。」對我們這樣一個沒什麼修行的凡夫而言，如果能如實了解死亡的本質，在那樣的機會下是有可能得到法身解脫的，因此面對死亡時不需要像一般人這樣充滿恐懼，迷惑於各種的幻相之中。

馬爾巴祖師

第四節

明、增、得三相的觀修法

　　我們在觀修臨終中陰的過程時，最重要的就是對於死亡時的各種徵兆與過程——包括最微細的明相、增相、得相現前的時候，內心要能夠如實了知，便能當下契入法身解脫，這是面對臨終中陰時最好的方法。

一、明相觀修法

　　所謂的「明相」有另外一個名字叫「白道」，為什麼叫「白道」呢？我們臨終時，身體中的「白明點」由頭頂下降，在下降過程所顯現的現象便稱為「白道」或是「明相」的顯現。

　　因為我們身體形成的時候是緣於父精與母血這兩個部

份，由於我們的心識對二者起了強烈的執著，於是開始形成身體。到了死亡的時候，這個身體會毀壞，於是最初源自於父精、母血的紅、白二分會再一次消失。

在消失的過程中，源自於父親的白色明點會慢慢由頭頂降下來，降下來的過程產生「白道」，或稱為「明相」。如果對於白道或明相的過程不了解的話，就會有墮生在慾界的危險；反過來說，如果能夠如實地了解白道的現象其實是本具心性的智慧，亦即是五種智慧裡的「大圓鏡智」的顯現，那麼在那當下就能夠契入化身的解脫。

(一)觀修心識融入大圓鏡智中的頗瓦法

若將佛所究竟解脫證得的一切智做分類的話，可以分成五種智慧。所以我們在死亡明相現前的過程中，應該如實了解這就是大圓鏡智的展現。在那當下，要以我們的心識去觀修頗瓦，觀想我們的心識融入大圓鏡智中，這也是一種頗瓦法的修持。

(二)觀修白色的境相

當我們看到白色的境相時，內心要做這樣的思惟：「這些白色的境相就是臨終中陰時明相的境相，亦即白道的境相，這個白色的境相並不是在我自心之外產生一個白色的境相，它其實就是自心大圓鏡智的境相。」我

們在內心要做這樣的觀修，等慢慢地修持到愈來愈成熟的時候，甚至於到了夢中，夢到白色境象的時候，當下也能如實覺知：「這個白色的境相其實就是我自心所展現的相，是本具智慧的展現，也是大圓鏡智的展現。」

如果能夠如上所言般的確實修行，將來在我們面臨死亡，當明相現前的時候，自然就能夠如實地認知這是死亡時的明相，當下即能得到解脫。為什麼呢？如果我們生前不斷地思惟、觀修，對於外境的一切現象都能夠實際去思惟，便可以在心裡產生一種修行的習氣，因此在死亡明相現前的時候，自然便能夠認知它。

（三）修「持氣」

我們在禪修中可以「持氣」。所謂「持氣」就是吸氣然後閉氣。藉由持氣，也會產生六識——眼、耳、鼻、舌、身、意識遮止的現象。

一般而言，在禪修中這樣修持，下座後有時候自然會產生一種白色明相的覺受。什麼叫「明相的覺受」呢？就是在你面前好像自然會產生白色的一片。我們在修「持氣」時會產生遮止六識的一種感受，而下座以後，有時「明相」會伴隨著顯現，這是粗分六識融入細分識的現象。藉由這樣的修持，以後當我們面臨死亡時，對粗分的識融入、消融的過程——也就是「明相」現前的時候，便

能夠如實了知。

二、增相觀修法

所謂的「紅分」也就是「增相」的部份。

有時候我們看到紅色的外境，心裡面可以這樣觀修：「這就是臨命終時紅色『增相』的境界。」如果死亡時對於「紅道」（也就是「增相」）現前不能如實認知的話，就有墮生色界的危險。如果了解紅色增相的境相就是我們本具智慧中「妙觀察智」的顯現，便能夠得到圓滿報身的成就。

在修行中看到紅色境相現前的時候，心裡可以當下思惟：「這就是死亡時『紅道』（或「增相」）的現象。」進一步來說，其實增相也是自己本具智慧的展現，當我們如實了知以後，便將自心融入「增相」中，這就是修持的要點。

前面講到「白道」（明相）現前是六識裡比較粗的前五識（眼、耳、鼻、舌、身）消融所產生的現象，進一步「增相」（紅道）的部份是六識裡的「意」識消融產生的現象。在消失的過程中，伴隨而起的是無分別的覺受。藉由這樣的修持，我們心裡對於這種現象要不斷生起清楚的

了知：「這就是『增相』的顯現，是第六意識消失的關係，所以自然會產生一種無分別的覺受。」對於這樣的道理，心裡要清楚地覺知。

如果不了解「紅道」的現象展現，不僅會讓我們墮生在色界，而且內心會產生非常大的恐懼，因此也影響對於之後自心體性展現的了知，甚至在其他中陰境況的了知，也會受到影響。所以在這個時候若不能認知增相的話，會有很大的障礙的。

三、得相觀修法

進入到白道、紅道之後，接下來會進入「黑道」的境相。所謂的「黑道」（得相）就是外境會展現出黑色、藍色、綠色……等等，這主要是緣自於父親的白明點下降，母親的紅明點從臍下一直上升到心間，進一步顯現黑道的現象──紅、白二分在心間融合（一個上升，一個下降）。

此時要怎麼樣觀修呢？當你看到外境是綠色、藍色、黑色的境相時，心裡應當思惟：「這就是面臨死亡時因為紅、白二分完全消失的緣故所展現出來的『黑道』，亦即『得相』。這個境相是自心本具智慧的展現，因此要如實了知其本質就是法界體性智。」

四、對日、月、燈光⋯⋯等的觀修法

平常我們在白天日出時可以觀想這是「紅道」的現象；晚上月亮出現時的光明或是燈光的光明則可以觀想成是「白道」的現象；至於在晚上漆黑一片、沒有任何燈光的時候，觀想這就是「黑道」的境相。

又比方說，當我們看到燈光，紅色的燈光就是「紅道」的現象，白色的燈光就是「白道」的境相，綠色、藍色、黑色就是「黑道」的境相。

所以當我們見到外境是白色、紅色、藍色、綠色⋯⋯等等各種境相時，當下要生起這樣的觀照力：「這就是死亡時所展現的白相、紅相與黑相。而且所有境相皆是由自心所展現的，是沒有任何真實性的。這些是因為身體中的紅、白明點消失的緣故所顯現的現象，其本質就是法性。」

第五節

根本光明顯現時的觀修法

前面講了臨終中陰的現象中——消融次第、明相、增相與得相的過程，如果我們在死亡的時候，能依照以上所教導的修行方式去做，並且如實地認知，就有機會得到解脫，不然最後會進入微細光明顯現的過程。

微細光明的顯現即是「根本光明」（或稱「基的光明」），在「根本光明」顯現的時候，我們在當下要如實了知這就是心的自相，並將其與我們平常修道中所體驗的光明二者融合無別，如此即可得到法身的解脫。

心性光明的展現時間長短是不定的，有些人是三天半到四天；有些人是一天，甚至是一個小時；有些人則是在

一刹那之間展現。但是由於我們不了解的緣故，往往處在昏迷的情境中而渾然不覺。如本書上冊所述，在臨終中陰如果不能得到解脫的話，接下來便進入法性中陰，所要面臨的挑戰也就更多了。

第六節

本章問答

一、有時候我們做夢會看到「白道」、「紅道」，但是我
　　們在做夢的時候，白明點並沒有下降，紅明點也沒有
　　上升，為何可以看到紅、白明點呢？

答：夢境的顯現有三種原因：第一種原因是白天的習氣在
　　晚上顯現成為夢境。也就是說，因為白天看到很多
　　白色的境相，然後自己觀想成是明相的顯現，因為觀
　　修的習氣，所以晚上會夢到這樣的境相，這是第一
　　種，由於白天種種習氣，到了晚上成為夢境。

　　第二種是象徵著未來某些事情的徵兆，這也會在夢中
　　顯現成為夢境。第三種是由於現在的修持得到本尊或
　　佛菩薩的加持，或是受到無形眾生的障礙，因而產生
　　夢境。總歸而言，夢境都是由於我們身體中脈的氣及
　　明點（明點可想像成是父精、母血的精華）在脈中的
　　循環走動受到遮止而產生，這在密乘教法裡是有深入
　　解說的。

二、您提到五欲就是五智，但是我們平常要怎麼去突破，
　　去認知？

答：我們心的本質是智慧，但是對於本質爲智慧不了解
　　的緣故而成爲無明，由於無明而產生貪、瞋、癡、
　　慢、疑五毒，我們認爲這就是我們的心。其實在迷惑
　　的狀態下，心的本質從來沒有離開過；因爲對心產生
　　迷惑的緣故，所以才會有迷惑的心，而其本質仍然是
　　心的本質。

　　因此在修行上透過聞、思、修三學：先好好聽聞，聽
　　聞什麼呢？聽聞有關爲什麼五毒的本質是五智這樣的
　　義理，在不斷聽聞以後，了解原來五毒就是五智；之
　　後再深入思惟，由此產生更堅定的認知，認知確實就
　　是這個樣子；在不斷修行的過程中，我們內心對於貪
　　的本質是妙觀察智，瞋心的本質是法界體性智⋯⋯等
　　等便能如實地了知，這是經由修行所產生的理解。

　　所以說修行時透過聞、思、修等不斷地淨除、懺悔業
　　障，積聚修行資糧，這在修行中是非常重要的。

　　例如起貪慾的時候，當下有兩層意義：第一層是顯現
　　的相。貪心顯現的時候，對境是完美的、歡喜的、悅
　　意的，眾生依這個對境而起貪著，這是顯現的相。進
　　一步在究竟眞實的義理上，對境起貪的覺知其實就是

法性，這是本具的妙觀察智。如果在起貪心的當下覺知其本質就是妙觀察智，不能了知這一點的話，這就是一種貪。

舉個例子：有個叫札西的人，早上的時候穿著忿怒本尊的衣服，顯現出來的是忿怒本尊的外在形象；下午穿著蓮師寂靜本尊的衣服，看起來就是寂靜本尊的身形；他在某一些時候又戴著鬼的面具，好像是魔鬼的形象，其實他在外相顯現出寂靜本尊、忿怒本尊、魔鬼……等不同的形象，根本上他就只是札西這個人而已，只是扮演成不同的形象來展現在我們面前。但我們若不了解的時候，還以爲看到了魔鬼、寂靜與忿怒本尊……等等的形象。了解的話，就是一個札西，其他什麼都沒有。

五毒也是這個樣子。內在不變的心是智慧，但是因爲心在不同的境相展現出貪欲、瞋心，或是起慈心、悲心、菩提心，有時候則陷入無記的狀態。其實所謂善或惡的意念都只是展現在外各種不同的相，這些相有時候我們說有好的或不好的差別，但是對心的本質而言，從來都沒有變過，是不變的本質。

第六章

法性中陰的
實修教授

第一節
法性中陰顯現的情形

　　法性中陰的階段會有各種聲相、光芒與各種光點顯現，同時也會有寂靜本尊和忿怒本尊的顯現。

　　在法性中陰展現的時候，對一般眾生而言是先有寂靜本尊的顯現，然後會有忿怒本尊的顯現。然而每一天大概是怎麼樣的顯現狀況？每一天、每一週的狀態是不是都是這樣呢？

　　對於一般眾生而言，大致上是這個樣子的，但是事實上仍然因人而異，有很大的差別性，不見得一定是寂靜尊出現在前面一週，不一定每一天都是這樣的次第；至於忿怒本尊的顯現同樣也是不一定的，因此不同的人會有不一樣的顯現。

　　許多修行者也曾講到，在修行的過程裡所感受到的境相中，也不見得都是寂靜本尊與忿怒本尊以固定的方式來展現。因此在這個過程中，寂靜本尊、忿怒本尊是不是有很清楚的顯現？其實也是不定的，有些人能夠感受到清楚

的寂靜本尊與忿怒本尊的顯現，有些人則並不能很明顯地感受到。

在法性中陰的階段中，不論寂靜本尊或忿怒本尊的身相清楚或不清楚，或是有沒有顯現，其聲音與光芒的顯現則是一定會有的。縱使本尊的身形不清楚，但是一定伴隨著聲音、光芒、光點……等等。

因為一定會具有聲、光、明點的緣故，自然就會有修持的方法可以幫助我們從中得到解脫。例如在法性中陰的時候，有六道的光會引領我們投生六道，在六道的光顯現時，同時會有智慧的光芒照耀，這些是一定會有的。

至於詳細的一些境相，在本書上冊中，已經都講述過了，現在則講解我們還活著的時候要怎麼樣用意念來修持。

第二節

法性中陰的觀修法

一、虛空觀修法

　　首先我們走到一座高山或屋頂上，或是在一個可以看到廣闊天空的地方，然後看著天空，最好是完全晴朗的天空——非常清澈、沒有烏雲遮蔽的虛空。

　　此時要心不散亂地望著天空，並思惟：「虛空的體性是我們心的體性，自心離一切遮蔽，離有、無，如同虛空般，沒有任何東西可以遮蔽它。虛空也沒有任何實質的成份、沒有任何的組成物可言，而我們的心也是如此，離一切貪著，離一切所緣。」

　　我們眼望著虛空，內心再思惟：「虛空如同自心法性的顯現，是法身佛的境相。」之後內心就依止這樣的境相來修持法性中陰的教法。

二、七彩光芒觀修法

我們拿一個水晶（有些水晶有七彩的顏色——如果水晶裡面有結晶的話，一般而言會有七彩光的現象），將這個水晶放在日光下照射。日光照射在水晶上面，便會反射出七彩的光芒。如果無法想像的話，我們可以想像成是七彩燈的光芒。之後我們看著這個光芒，心裡想：「這就是自心法性智慧顯現出來的光芒。」如此依法練習。

水晶本身具有能夠顯現出七彩光芒的本質或能量，所以光線照在上面的時候，它會顯現出白、紅、黃、綠……等等七彩的顏色，這也就是我們自心法性本身具有的顯現能力。

在大圓滿「托嘎」的修行裡，經由身的要點、語的要點、意的要點去修持，身、心所具有的精華展現在外境上即是光的現象。之所以會展露出外在的光芒，是因為在我們的心輪有寂靜尊、頂輪有忿怒尊等智慧本尊的緣故，所以具有這樣的展現能力。

再舉另外一個例子：如果我們站在瀑布旁邊，當陽光照射出來時，也會看到像彩虹般的各種光彩現象，這也是因為瀑布的水花本身也具有顯現這些色相的能力。同樣地，我們的自心所具有的智慧也一樣具有能顯現光的能力。

　　接著我們拿放大鏡將水晶放大，心裡觀想水晶所展現出來的光芒充滿整個世間、整個外境，內心則生起強烈的希求：「現在就是法性中陰的境相現前了，願我能在法性中陰現前時如實了知，才能從中得到解脫。」

　　諸位如果能夠好好修持、對法性中陰的境相能夠非常熟悉的話，未來死亡後，當法性中陰顯現時，內心自然不會產生任何的害怕或恐懼，反而會因為了知法性中陰的境相，當下就順利得到解脫。因此在平常修持的時候，內心要思惟，並且生起非常強烈的希求：「願我能從法性中陰得到解脫！」我們要以這樣強烈的意念將心識用頗瓦的方式轉入光芒的境相中。

三、文武百尊觀修法

(一)觀文武百尊相，祈請其加持眾生獲解脫

　　再次把中陰文武百尊的照片放在前面，手上拿著放大鏡之類的東西放在每一尊上面，仔細去看，內心並觀想這就是法性中陰階段時每一個過程中各尊一一顯現的現象。

　　我們接著在心裡虔誠、專注地祈請：「願一切文武百尊聖眾慈悲攝受加持，幫助目前陷在中陰痛苦、迷惑中的眾生，引領他們能夠從法性中陰的境相中得到解脫。」

(二)模擬文武百尊放光與六道光顯現的觀修法

接著我們可以用善巧的方法幫助自己在法性中陰階段如實地認識中陰的情境。

在自己修法的地方前面放一張文武百尊的法照,接著再擺上用畫的或是實體的布。我們可以在布上用顏料去畫上非常明亮鮮豔的顏色,就像佛像上的顏色;或者也可以準備五條五種顏色的布來做成五色布。

將法照放好之後,再把布置於法照前面,布上則放一個、一個的小球代表光點。這是為什麼呢?因為在法性中陰時,首先本尊的身相會顯現,顯現之後本尊心中會有光芒,光中還會顯現各種的光點,因此我們以實物來象徵。把法照放在前面,五色布即代表本尊心中放射出的五色光芒,而布上再放置代表明點的小球。

接下來在旁邊放置六種顏色比較暗淡的布,像暗綠色、暗紅色這樣子昏暗的顏色,不像前面的明亮,這些代表著六道的光。因為如果現在對六道的顏色不好好認識的話,以後到了中陰的時候,可能會認不得路,所以現在將顏色非常清楚的布擺在自己的面前。智慧的光是非常清楚明亮的,六道的光則是比較昏暗不清楚的。

如上所述,我們在修法的地方放著文武百尊的法照,法照的前面放布,而布的另一邊就是自己,心裡如

文武百尊（寂靜部）

此觀想：「從文武百尊的心中放出五色的光芒照射自身。」接著我們的手上拿著具有放大作用的水晶球，一個、一個地去看所有的布條與光球，了知那非常明亮的黃色、紅色……等等是智慧的光明，亦即是智慧本尊的光明，而比較昏暗的顏色則是讓我們投生六道的光。

於是我們再進一步思惟：「一般的凡夫因為被無明遮蔽的緣故，所以看到非常明亮的光明時，內心自然會產生恐懼，想要從強光裡逃脫；而看到比較微弱的光時，反而會趨入弱光中。當趨入任何一種弱光時，就會投生到六道中，因此我們不要畏懼強光，也不要因為眷戀柔和的光而投生到六道中。」

因為我們長期以來貪著、眷戀輪迴世間之故，在碰到這樣的境相時，自然會畏懼強光而喜歡柔和的光。

之前所說的「尼大武塞」的故事，諸位記得嗎？他是修《中陰教法》得到成就的上師，他在中陰境相之處遇到他弟弟，尼大武塞跟他弟弟講：「你要好好地向蓮花生大士祈請，祈請蓮花生大士加持自己能夠往生蓮師淨土。」結果弟弟回答：「我這一生在世間活得還不夠長，所以不想往生蓮師淨土，還要再投生到世間來。」因此我們對輪迴世間的貪著、眷戀有著非常根深柢固的習氣。

關於光的部份，前面講過，像文武百尊顯現的時

候，金剛薩埵的心中會放射出白色的光芒，寶生佛心中放射黃色的光，阿彌陀佛心中則放射出紅色的光……等等，這時候我們的內心要生起強烈的希求：「當光照耀著我們的時候，自心當下要以頗瓦法的修持融入金剛薩埵、寶生佛或阿彌陀佛的心中！」在佛的光芒顯現的同時也會有六道的光顯現在我們面前。不管是用布本身或是畫上去的顏色，六道的光分別是白、紅、藍、綠、黃、黑……等等不明亮的顏色。這時候內心要做這樣的思惟：「一切有情眾生長期以來墮生在輪迴中，輪迴的本質就是痛苦，不論是投生在三善道或者是三惡道，所有六道都充滿了各種的痛苦。」

接著再想：「無始劫以來，我們一直在六道裡流轉，不得解脫，所以在法性中陰的境相現前時，我不想再墮生六道！」因此當六道暗光出現的時候，我們的內心應該生起強烈的遮止意念：「我不再投生於輪迴中，也不再進入六道輪迴的光芒中！」此時，一方面應該祈請希望能夠融入佛的智慧光明中以得到解脫；一方面則祈請所有文武百尊遮止我們進入六道之門，不要進入昏暗的光中，從六道輪迴的境相中解脫。

(三) 忿怒本尊觀修法

最後再次就觀修忿怒本尊的部份做加強練習。同樣地

把忿怒本尊的身形或法照放在自己前面——不論是照片也好，或是實際畫在任何材質上的文武百尊身像都可以。

　　如果是大家在一起修持的話，有些人可以製造各種像敲鼓等等之類的巨大聲響；如果是自己一個人修的話，也可以利用喇叭來放出很猛烈的聲音，讓自己感覺到很多「吽吽！呸呸！」的咒音，當下即觀想這就是忿怒本尊顯現的境相，而這些聲音就是本尊顯現時的猛烈巨響，他們的手上還拿著各種兵器、法器……等等。我們一邊這樣觀想，同時也思惟：「這就是自心智慧的現象，這個顯現的境相與法性是無二無別的。」

(四) 觀本尊接引我們往生淨土

　　在法性中陰階段裡，所有的寂靜本尊與忿怒本尊都是為了要接引我們往生報身淨土才顯現出來的。這些寂靜本尊、忿怒本尊顯現的時候並非是靜止不動的，而是以各種舞姿的方式在我們面前顯現。此時我們的內心要生起強烈的意念：「本尊來迎接我們往生，我可以得到解脫了！」之後便觀想我們的心識融入本尊的心中。

(五) 文武百尊及聲光顯現時內心不要恐懼

　　在前面講過的故事中，多傑佳晨在法性中陰時沒有得到解脫，是因為他在法性中陰期碰到強烈光芒和巨大聲音

文武百尊（忿怒部）

時，整個人就嚇昏了，所以沒有辦法認知法性中陰，更無法從中得到解脫。所以我們藉由如此的修持，希望在法性中陰時能得到解脫，千萬不要被這些現象嚇昏了。

在這些過程中，我們的內心根本沒有必要產生任何恐懼。為什麼呢？因為所有寂靜、忿怒尊的顯現都是法性的本質，都是法性的展現，是諸佛菩薩在法性中陰的過程中以各種寂靜、忿怒的本尊身形來接引我們。而在法性中陰的過程裡所顯現出來的聲音、光芒、強烈光點……等等，沒有一樣是自心以外的東西，全是自心所顯現的現象，並不是存在於心外的聲音、光點……等等。

同時，在法性中陰時，我們所具有的身體是意生身，並沒有真實的身體本質，因此不論別人怎樣砍你、殺你、打你，根本不會有任何的受傷或死亡，所以對於法性中陰所顯現的各種情境，我們的內心根本無需恐懼。平時如果能確實地如此修持——對於法性中陰顯現的寂靜、忿怒本尊於內心生起強烈的祈求，祈求他們引領我們得到解脫；並且常常觀想法性中陰的一切境相以及所有的本尊聖眾，那麼當我們真正死亡的時候，在法性中陰期一定能夠得到解脫。

（六）法性中陰觀修法的利益

對於法性中陰這一部分的修持教授，如果各位聽聞以

後能確實按照這個方式去修持、思惟，以後當面臨法性中陰時，對大家一定會有很大的幫助！為什麼呢？就像前面開示的時候講到西藏有位唐卡畫師的太太，她本身並沒有很精進的修行信念，只是每天看著先生畫本尊的畫像。

有一天她問先生在畫什麼？他的先生剛好畫到文武百尊的「蛇面母主郭瑪」，他說這是文武百尊忿怒本尊現起時最後的四個守門女神之一。後來他太太死亡後，在中陰前面的過程中都沒有得到解脫，一直到最後看到蛇面母本尊（北方墨綠色金剛女神，蛇頭，手持金剛鈴）的身形時，認出她就是中陰文武百尊中的蛇面母，藉由蛇面母的加持而得到解脫。

因此我們對《中陰教法》裡法性中陰的部份若能夠確實地思惟，以後在法性中陰的階段裡一定能夠得到利益。

第三節

中陰現象與實修法的說明

一、模擬文武百尊、聲響、光芒、光點與六道光的觀修法

我們從現在開始要針對這一座法的修持來做教授。

在你面前置放一張文武百尊的法照,在修持的時候可以準備五色布,或是用畫上顏色的布也可以,而且要用兩組有強烈對比的顏色:一個是具有亮光的;一個是具昏暗不清楚的光。將兩組布放在自己面前,上面再放各種顏色的球以代表光點。我們則觀修現在就是在法性中陰的情境中,從智慧本尊的心中放射出猛烈的光芒,還伴隨著六道的暗光,同時尚有各種的光點。藉由這樣的思惟,對大家在修行上會有很大的幫助。

　　首先我們先觀想寂靜本尊的部份，之後再觀想忿怒本尊。在寂靜本尊的部份，我們可以先從中央開始，再依東、南、西、北各方順序地展現，一個部份、一個部份地來修持。關於六道的光芒以及五方佛所放射的五種亮光，在六道中第六種的光應觀想為地獄道的光伴隨著普賢王如來心中白色的光明。

　　接著想像忿怒本尊現前來做觀修。同樣地，我們想像法性中陰時忿怒本尊現起的情況，可以將外面所有的聲音與來來往往的車聲、噪音觀想為忿怒本尊所發出來的巨大聲響，如此地觀想聲音、光芒，實際來進行觀修。

二、六道光展現上的說明

　　關於這個教授，有二個主要的修軌，一個是《中陰教法》中比較廣傳、常見的噶瑪林巴（伏藏師事業洲尊者）的《中陰聞教解脫法》的教授，另外一個則是本書所講述的六中有的教授，兩者關於六道光的顯現說法似乎不太一樣，這或許可能是人們在傳抄儀軌的時候弄錯了。

　　一般來講，天道是白色的光，修羅道是紅色的光，人道是藍色的光，畜生道是綠色的光，鬼道是黃色的光，地獄道則是黑色的光。這跟我們平時在觀修六字大明咒時，六個咒字分別有六種光以分別度化六道不同眾生的修

持方式一樣，但在顏色的對照上又有差異。

因為在不同的教法中對於光的敘述又有著不同的差別，因此在這一個部份，什麼樣的光倒不是最重要的，最重要的是光本身耀眼強度的明暗差別。六道所顯現出來的六種光是具足的，至於說哪一種顏色的光代表著哪一道，也許不同經典記載上會有些出入，但是原則上六種的光是具足的。

三、紅、白道觀修法

接著我們再做禪修。

前面有提到紅、白、黑的境相，因此我們依止外在白色的東西來觀想成是白道的現象，紅色的東西就是所謂的紅道，外在黑色的東西即是黑道。模擬死亡的情境時，手要遮著鼻子、嘴巴，但是現在在這邊不遮也沒關係。請開始閉氣，接下來觀想死亡的時候不再能夠呼吸，自心開始產生痛苦的覺受。

在中陰期裡所有的境相有時並非像我們所想像的那麼單純，例如談到紅道就只是呈現出紅色的樣子，其實並不一定如此。因為當紅道現象顯現的時候，生前的境相完全都滅了，繼而顯現出整個都是紅色的情境，但是該境相並不只是單純的紅色，而是不斷地在變化的。

　　接著我們會想：「生和死就在這個地方分界。」當進入另外一個境界的時候，境相完全不一樣了，此時我們的心裡會產生很大的恐懼，因此在整個過程中，當身上的脈阻絕的時候，會產生痛苦、恐懼的現象。四大分離所產生的恐懼與痛苦，伴隨著紅分的境相，這是非常猛烈的顯現，而不只是一個紅紅的境相而已。

　　關於紅分、白分的觀修，剛開始時我們先想像死亡之苦，體會面臨死亡時氣息阻絕的痛苦；進一步則為一切有情眾生生起悲心；接下來斷除對外境的貪著，做上供下施……等等；之後再開始進入所謂紅分、白分的過程。

　　在這些過程中，最重要的是自己要確實了知這樣的境相就是自心顯現的相。我們要以如實了知臨終中陰紅道顯現的時候就是這個境相的心念來修持，而不只是想：「因為境相是紅色的，所以是紅相；白色的就是白相。」單單這樣想是沒有什麼意義的，而是要內心確實生起一種確定：「這就是自心的相，跟自心法性沒有差別，我現在就是處於臨終中陰的狀態！」內心要有這樣強烈的想法。

　　我們在觀修的時候，最主要的部分是在境相顯現的當下，內心必須確實地知道：「這是我自心相的顯現，也就是法性的顯現。」當我們活著的時候，能夠這樣不斷地

修持，慢慢地熟悉這種觀修的方式，將來面臨死亡的時候，自然會因為生前的修持而在見到紅色的境相時就憶念起：「原來這就是紅相，這就是我的自心相，這就是自己的本性！」於是內心就不會有恐懼。

四、母子光明會

「母子光明會」就是白分下降、紅分上升，兩者於心間交融的時候。此時首先會出現黑暗的現象，即所謂的「黑道」。黑暗的境相過去之後，接著會顯現出光明，這個就是心體本性的光明，稱為「基本光明」或是「根本光明」，這個「根本光明」的另外一個說法就是「母光明」。

而所謂的「子光明」則是修持者在修道的過程中所體驗到的心性光明，亦即「道的光明」。所以「母子光明會」是指人們在修行時先如實認知心之體性的境相，一直到臨終時，心性本體的光明自然展露，在展露的時候他即能如實認知，如此便稱為「母子光明會」，又稱為「基道光明的融合」。

五、法性中陰期之彌陀顯現與淨土法門

　　在法性中陰期的時候，阿彌陀佛也是五方佛之一，他的顯現與淨土法門中接引眾生往生的涵義是一樣的。兩者的差別在於若是修阿彌陀佛淨土法門的修行者，因為平時的修行力量與對阿彌陀佛虔誠祈請的緣故，在臨終的時候阿彌陀佛會示現出來，以接引修行者往生。而在法性中陰的階段，無論人們有沒有修行，中陰顯現的境相大致就會有這樣的過程，差別就在這裡。

　　那麼為什麼說兩者之涵義其實沒有什麼差別呢？最主要的原因是：本尊顯現的相雖不同，但其本質都是法性。在西方極樂世界中，西方三聖的中央是阿彌陀佛，他兩旁的脇侍一位是觀世音菩薩，一位是大勢至菩薩。在淨土裡面，大勢至菩薩也不是一直站在右邊的，他時時刻刻都是動態的，而阿彌陀佛也不是永遠坐著不動的。所以之前講到法性中陰本尊顯現時的身形並不是固定的，時時刻刻都在改變，有著各種的姿勢。

　　因此我們最重要的是要知道一切本尊的本質是什麼？其本質就是法性。為了調伏不同根器眾生的緣故，所以佛、菩薩會展現出各種不同的本尊身相。就像中國的阿彌陀佛畫出來的是圓圓的、很圓滿的佛像，而西藏的阿彌陀佛就沒有中國的那麼胖；到了印度，阿彌陀佛卻是瘦瘦

的，爲什麼呢？因爲每個地方的眾生認爲怎麼樣是最好的、最莊嚴的身相，畫中所顯現出來的佛像就是那個樣子的，所以佛菩薩也會有各種不同的形象展現，並不是一直都是固定不變的。

六、臨終、法性、投胎中陰時所顯現的聲音差異

在死亡的過程中有三個階段會有聲音出現：第一個階段是臨終中陰的時候會有強烈而巨大的聲響。這個聲響是怎麼產生的呢？這是四大消融所顯現的聲音。

第二個是在法性中陰的階段會伴隨著巨大的聲響。這時法性本具的身、語、意、智慧、功德、事業的本質會顯現成爲本尊的身相、聲響、光芒、明點……等。

第三個階段是投胎中陰的時候，因爲業力的關係而會有各種不同聲音的展現。

至於在法性中陰期所顯現的聲音是有差別的：智慧的聲音是非常清楚的、具有很大的威嚇聲量的；六道的聲音相對上則是比較不清晰、柔和、好聽、悅耳的。但是在感受上面，眾生會喜歡六道柔和的、不明亮的光和聲音，而恐懼強烈的光和巨大的聲音。而至於對其他的部份：如味覺……等等，此時眾生的感受就比較不明顯。

西藏繪畫風格的阿彌陀佛法相

七、觀修本尊的兩種情況與三個要點

一般在觀修本尊時有兩種情況，一種是我們緣於本尊、佛菩薩的身相，並在內心生起非常堅定而虔誠的恭敬心作祈請，這對於我們累積福德資糧有很大的幫助，這是第一個層次。

第二種是修持本尊生起次第、圓滿次第的法門，這樣的修持最主要是在清淨我們不淨的蘊、處、界（自身的五蘊、十二處、十八界），將這些不淨的蘊、處、界轉化爲清淨的。這樣觀修的目的是要對治或清淨我們「三種中有」的狀態。

在所謂的「三種中有」裡，一個是「生有」，一個是「死有」，一個是「中有」。「生有」就是我們現在生處中陰的時候，「死有」就是死亡的時候，而「中有」就是包括其他各個階段的「中有」。修持生、圓次第就是爲了淨除這三種「中有」。

在修持各種本尊生起次第、圓滿次第的時候，其實重點還不僅僅在於本尊的身相是不是觀想得很清楚，因爲我們要了解本尊的身相本質是相空無別的，因此觀想本尊的時候，包括了三個非常重要的修持要點：

第一點是本尊的身相要非常清楚。

第二點是對於本尊身相所代表的清淨義理要能夠如實

了知。

　　第三點是在如實觀修本尊的時候，自己就是本尊的佛慢要非常堅固。

　　如果沒有把握這三個要點，只是將本尊觀想得很清楚的話，有時候也會有墮生畜生道的危險。爲什麼呢？因爲有很多關於此類的修行故事。

　　例如有人修金剛亥母，觀修金剛亥母卻不了解金剛亥母本尊之身相所代表的義理，只是觀想自身是亥母，頭上有個豬頭，但不知道豬頭所代表的意思，認爲那只是一個很眞實的豬頭，因爲這樣觀修，在來生的時候就墮生到畜生道投生爲豬。所以若只是觀修本尊的身相，並不是修持生起次第的重點。以前有位上師也曾經開示過，他曾經看過有一個人的長相有點像牛，爲什麼會長成那個樣子呢？另一位會觀過去生因緣的上師入定觀察後就說：「那是因爲這個人過去生修持大威德金剛沒有修好，所以今生的臉相看起來就像牛的頭。」

　　所以生起次第的修法就是要如實地把握上述三個要點，當觀修時圓滿了這三個要點，才算具足生起次第修持的要領。如果只是觀修本尊的身相，但是對於本尊卻沒有生起清淨恭敬的信心，也對本尊身相的勝義不了解的話，就會有前面講的這種過失。如果我們對於本尊具有清淨、虔誠、恭敬的信心，就比較不會墮入這樣的危險。

然而我們該如何非常清楚地觀修本尊呢？如果法照太小的話，就以本尊相中間的那位來觀修。如果是在家裡觀修，可以用放大鏡將其放大。如果還不夠大，再把水晶球放在上面，那麼反映出來的景象會更大。

　　當我們講中陰的時候，一直在重覆強調所有文武百尊都是我們的自心相、是法性，是法性的本質，也是法性體性的展現。觀修時如果能不斷地自我提醒、強調這就是法性，便不會有上述的危險。之所以會產生修行上的錯誤、過失的情況，是因為修行者本身沒有如實了解到本尊的身形代表法性的顯現，所以在觀修本尊身相的時候，只是把本尊的身相當成一個真實的、具有牛頭或豬頭的身形，把這樣的本尊身相當成是堅固不變的。

　　至於本書上冊所提到的故事，唐卡畫師的太太在法性中陰期見到本尊而得到解脫，這是由於她內心具有虔信的關係。因為她生前見到先生在畫畫，她先生告訴她：「這就是文武百尊，在人死亡的時候會顯現，如果能認識就可以幫助我們在中陰期得到解脫。」她聽了之後，心裡便生起切信，所以在中陰時遇到後，自然就得到解脫。

　　前面說觀修本尊有墮入畜生道的危險，是因為在觀修本尊時，我們不斷地觀想自身就是這樣的身形。觀修本尊是為了降伏自身堅定的我慢以及執一切為真實的煩惱，如果修本尊法沒有了解真實的義理，而把本尊的身相當作是

眞實的，觀想自己就是這樣的身形，這就會有危險。不是
說修生起次第會有這樣的危險，而是說你對修持生起次第
的方法、要領沒有確切了解才會有這樣的過失。

大威德金剛

第七章

投胎中陰的實修教授

　　如果在法性中陰期仍然沒有解脫，就會進入投胎中陰。

　　在投胎中陰的時候，由於自己所造的業而感得令人恐懼的外境、閻羅與鬼剎……等等令人害怕的境相，並且伴隨著巨大的聲音。

　　此外，在投胎中陰的階段裡，主要有四種令人畏懼的聲音，三種恐怖的懸崖險境，以及六種不定的徵兆。

　　本章會說明在此階段的修持重點，和對治以上幾種境相的觀修法，以及日常面對父、母親的觀修法。

修持重點

一、祈求往生淨土

這個時候的解脫方法是什麼呢？第一種方法是向諸佛祈請，因為虔心祈請的緣故即得以往生化身淨土，這是第一種解脫的方法。例如向阿彌陀佛祈求往生極樂淨土，向觀世音菩薩祈求往生普陀拉淨土，或是向蓮花生大士祈求往生蓮師鄔金淨土……等等，這都是化身淨土的往生。

如果這時候仍然沒有往生佛淨土的話，接著就是選擇投胎在六道中。

二、選擇好的胎門

在投胎中陰時，如果之前沒有投生到佛淨土的話，接下來就會在六道的四種生處中受生，所以在投胎中陰的階

蓮師鄔金淨土

段，最重要的事是要遮止自己墮生在三惡道中；而我們也必須知道如何選擇六道的胎門，以選擇投生於三善道。

我們之前已經開示了選擇投胎的要領，例如在前面講的故事裡，亡者在中陰的狀態一開始時有很多的同伴，但是大部份的人都落到洞穴中，其他聽過《中陰教法》的人，知道污穢的洞穴代表三惡道的生處，便沒有跟著陷入洞穴裡面，這就是在說墮入三惡道的境相大概即是類似如此的情景。接著在我們選擇六道生處的時候，要遮蔽投生到三惡道的出口，而要選擇投生於三善道中，特別是選擇人道，才是真正能夠學佛修行的好環境。

既然已經選擇投生人道，接著要知道如何分辨一個好的胎門，譬如說投生的地方是不是好的出生處？是不是好的環境？或者自己所選擇的父母種姓怎麼樣？是否有修行學佛？我們應該依照這些要點來做選擇。

第二節

對治四大巨響的觀修法

　　在投胎中陰的階段，我們會看到什麼樣的恐怖現象呢？首先是由業力所產生的四大錯亂所發出之令人恐懼的聲響，為了對治這些內心所產生的恐懼境相，並且消除恐懼，所以在此先教授觀修的方法。

　　練習的方法是：我們在晚上找一間還沒進去就會令人開始害怕的空屋。進到空屋裡面之後，將燈全部關掉，並且把兩個耳朵塞住。因為耳朵被遮住的關係，便會聽到很多聲響。

　　此時，也許我們的內心開始會有恐懼產生，也許不會有，但是無論如何，我們應該這樣思惟：「現在我所處的境相就如同投胎中陰時的恐怖境相，所有的聲響就如同當時四大所產生的巨大聲響——地大的聲音如同猛烈的山崩

地裂；水大的聲音就像許多的大河沖擊在一起所激起的猛烈水聲；火大的聲音就像森林大火的烈焰在熊熊燃燒的聲音；而風大就像狂風、颶風的聲響。」

我們接著用雙手掌心遮住兩耳，再用食指敲打中指，便會聽到巨大的鼓聲，就像錘子敲在地上的響聲一般。之後再思惟：「這些都是在投胎中陰的時候會面臨的情境。除了四大的聲響之外，還有各式各樣的聲音，然而所有恐怖的境相都只是虛妄的幻相，都是因為自心迷惑才顯現的。到了投胎中陰的時候，我並沒有一個真實的身體，所以根本就不會受到傷害。至於顯現在外的地、水、火、風四大以及各種現象，其本質也只是迷惑的幻相而已，因此自己根本不會被四大所傷害！」我們要清清楚楚地生起這樣的覺知，同時祈求阿彌陀佛或是觀世音菩薩的慈悲加持，讓自己能往生阿彌陀佛淨土，這就是所謂的化身頗瓦。

如果現在能夠好好修持，有了很好的修行體驗後，到了投胎中陰期面臨各種恐怖的境相時，自然會因為修行的關係而知道現在是在投胎中陰的狀態，所有四大的恐怖聲響全都是虛幻的，當下就能從恐懼中脫離。

並且由於生前祈求往生阿彌陀佛淨土等等的堅定祈

願，在投胎中陰的過程中也比較能生起堅定的願力，因而
順著願力祈願往生阿彌陀佛、觀世音菩薩或其他本尊的淨
土之中。

第三節

對治三種懸崖險境的觀修法

在投胎中陰的時候，亡者會為了要逃脫種種的追殺而不斷地奔跑，跑到了懸崖邊，這時他會看到眼前聳立著三座分別是白色、黑色與紅色的高山，而且懸崖非常的深。

對治這三種懸崖險境的修持方法是：一樣是在屋子裡，用手壓著自己的眼睛，此時所看到的是黑濛濛的一片。最後在瞬間把手放開，由於血液循環的關係，便會看到紅色的境相；接著再用力壓，則會感受到黑色的境相；再放開時，眼前會呈現出一片白茫茫的境相。以這個方法去模擬在投胎中陰的狀態——面對著白色的山崖、黑色的山崖與紅色的山崖，因而心裡生起恐懼的感受。

　　此時我們的內心要如此思惟：「白色、紅色、黑色這三個懸崖險處都只是自心所顯現的虛幻現象，在投胎中陰期，我們的身形其實只是意生身，並沒有眞實的血肉之軀，所以縱使掉到懸崖之下也不會有什麼危險！」要以此觀想來平息內心的恐懼感，同時生起慈悲心，祈求佛菩薩的加持，並願一切有情眾生在投胎中陰期面臨險處、感受恐懼與痛苦時，能依此法確實地觀修而得到解脫。

第四節

對治業風吹襲
與黑暗的觀修法

　　當我們平時遇到猛烈的風因吹動著物體而呼呼作響的時候，就可以聯想當下自己就處於投胎中陰期，外境正有強烈的業風在吹動著自己。

　　當遇到黑暗的情境時，也可以聯想這是投胎中陰的境相，因為在投胎中陰期會有很長的時間是處在黑暗、昏沉中，還有無數由業力顯現出來的閻羅、差役在後面追殺自己。在黑暗中，我們可以祈求阿彌陀佛、觀世音菩薩或本尊……等佛菩薩接引自己往生淨土。

　　藉由修法不斷地練習、不斷地思惟，一方面讓自己確實了知這些恐怖境相其實都是自心所顯現的迷惑幻相，

除此之外，一切皆虛幻不真，所以在面對這些境相的時候，不要生起任何的恐懼。

　　另一方面，我們應該不斷地祈求阿彌陀佛、觀世音菩薩……等本尊的慈悲加持，接引我們往生淨土。平時我們最好可以針對這兩方面不斷地修持。

第五節

對治六種不定徵兆的觀修法

　　在投胎中陰時，有六種不確定的現象會伴隨著顯現，而我們現在該如何去修持、對治呢？

　　就像在做煙供的時候會有煙產生，我們在煙顯現的當下要如此思惟：「觀想自己是中陰的眾生，目前處在投胎中陰的狀態中，藉著煙的氣味來受食，在煙中可以得到食物與滿願。」

　　我們可以繼續觀想：「自己在中陰狀態下的身形是虛幻的身軀，是一個意生身，能夠自在地穿越牆壁、高山⋯⋯等等，具有無礙的特質，這是不確定的徵兆之一。」因為如此思惟的緣故，當下去感受自己已經死亡了，正處在投胎中陰的狀態，再想：「因為我已經死亡

了，所以一切中陰的境相都是虛妄的，不要生起任何的恐懼。因為我並沒有一個真正的身形，只是一個意生身！」如此不斷地告訴自己不必生起恐懼，之後再選擇胎門。

因為已經到了投胎中陰期，所以要避免讓自己墮生到三惡道中，並選擇三善道或是投生於人道中。投生人道時，特別要選擇不要投生到父母親不學佛或對佛法有邪見……等等的惡劣生處。

第六節
其他觀修法

　　平時當我們聽到外面的各種聲音時，不管是人聲或是任何聲音，都要如此思惟：「這就是投胎中陰期所面臨的無數閻羅與夜叉砍砍殺殺的恐怖聲音！這些都是虛妄的。」並把心念導向上師、本尊與聖眾，祈求他們加持自己遠離一切恐懼。

　　還有，我們有時候在家裡面對自己的父、母親時，可以觀想自己父、母親就是本尊；在外面看到的男眾就是男的本尊身相，而女眾就是女的本尊身相。由於自己的父、母就是本尊雙運尊，可以觀想母親的胎處（子宮）就像非常莊嚴的宮殿「越量宮」一樣，在該處，來自於母親的紅明點就像是日輪的坐墊一般，父親的白明點就像月輪的坐墊一樣（觀想宮殿中有日輪，日輪就是紅菩提，在上面有月輪，月輪就是白菩提）。

The Tibetan Book of Living and Dying

西藏生死導引書 下

160

接著觀想在日、月輪上面有個白色的 ཧཱུྃ（吽）字，ཧཱུྃ（吽）字即代表自己的心識。由 ཧཱུྃ（吽）字化現爲白色的金剛杵，杵心中一樣有個 ཧཱུྃ（吽）字，再由這個金剛杵化現爲本尊的身形。看自己平常修法修哪位本尊，當下就觀想爲該本尊的身形。

　　我們的內心要常常這樣觀想：「我自身在母親的子宮——莊嚴的越量宮中投生爲本尊的身形。」常常這樣觀修的話，自然在面臨投胎中陰的時候，對於選擇一個好的投胎處會有很大的幫助。

第八章

睡夢中陰的
實修教授

　　我們要以思惟、觀想來修持睡夢中陰的教法。關於睡夢中陰最主要的是指外在比較粗的六識已經遮止，進入昏睡的狀態後，從開始做夢到夢醒的這段期間。

　　整個六中陰包括醒著、睡夢，乃至臨終，以及死亡之後的中陰狀況，在每一個階段裡我們都要實際做觀修。我們目前要講的是睡夢中陰的觀修。

　　現在我們都知道夢是不眞實的，是一種虛幻、迷惑的現象，但是當我們在做夢的時候，卻不知道它是不眞實、虛幻、迷惑的，反而執著夢境是非常眞實的，因此在做夢的當下就產生各種苦樂的感受。所以睡夢中陰的觀修必須要是能夠讓我們了解到夢是虛幻不實的一種修持法。

　　我們經由睡夢中陰教法的修持，便可以了解原來夢中的一切都是虛幻不實的，之後若能藉由睡夢修持，進一步還可以讓我們認知白天的一切境相也是虛幻不實的。

第一節

觀修白天一切的
境相如夢

　　關於睡夢中陰的修持在前面已經講了非常多的方法，因此就不再重複了。在這裡要談的是我們對於白天一切的境相要生起：「一切的境相如同夢境一般！」的想法，然後產生這樣的定解。

一、修持法

　　首先是對於白天的一切現象生起如同夢境一般虛幻不實的信解，然後確實了知白天的境相都是像夢境一樣，經過不斷的觀修、熟習之後，晚上則在夢中持夢，然後進一步能夠轉夢。

　　能夠持夢亦即能夠知道自己正在做夢。轉變夢境是譬如說夢到一個東西便把它轉變成很多東西；夢到白色的則

The Tibetan Book of Living and Dying

西藏生死導引書（下）

164

將它轉變成紅色的或是其他顏色的；或是夢到一個人把他轉變成一尊神……等等，如此在夢境中進行練習種種自在的變換。

二、觀逆境、順境皆如夢

特別是當我們在平常生病的時候或是內心因為遇到種種困境而感到痛苦時，或是時運不濟，碰到各種因為外緣障礙所造成的煩惱、哀痛時，心中要生起堅定的意念：「所有現在面臨的一切痛苦都是不真實的，如同在夢中。」當你能夠這樣去思惟時，慢慢地就能夠在夢中如實知夢。

從另一方面來說，即使我們時常面臨一些恐懼與痛苦，此種觀修法也能幫助自己讓這些恐懼與痛苦的感受變得越來越輕。

此外，就算是在我們平常身心非常舒適的時候也一樣要觀修一切如夢。

三、觀修白天一切如夢的利益

透過睡夢中陰的觀修法，如實知夢、轉夢，以及觀白天的一切情境如夢，我們的我執、貪、瞋、癡……等煩惱

就不容易生起。由於眾生執著一切外境為真實的緣故，對境容易產生強烈的我慢與貪戀、瞋恨……等等的煩惱意念，積聚這麼多我慢、貪、瞋、癡等的煩惱意念之後，將使我們造作各種的不善業，再由不善業而感得痛苦的果報。不只是確實地知夢、轉夢而已，如果我們在白天當中對於我慢、貪、瞋、癡等五毒也能觀修其為如夢、虛妄迷惑的話，如此也能減輕我們的煩惱、不善業與痛苦。

第二節

其他觀修法

關於睡夢中陰的修持，前面已經講得非常詳細，在這邊再做個補充。

除了這些睡夢中陰的修持法以外，另外在藏傳佛教寧瑪派的大圓滿法門中的「托嘎」修法裡面，也有所謂「輪涅分離」的觀修方式。亦是如同睡夢中陰的觀修方法之一。

第九章

結語

　　關於禪定中陰，在生處中陰的部份講到止觀時便已
經包括在裡面了。

　　在禪定中陰的修持中，最重要的就是把握修行的
要訣。而修止觀的時候，該如何讓心專注……等等的要
領，在之前已經進行了詳細的開示，因此關於這個部份就
不再重複。

第一節

此教法殊勝之處

　　在六中陰的教法裡，大概也只有這個教法講到觀修的方式——如何以意念來祈求、不同中陰情境修持法門……等等。另外，也只有這個教法記載實修的開示，在其他的《中陰教法》裡是比較沒有這一個部份的。

　　在西藏有個故事：西藏的風很大，在某個夜晚，有個小孩子走在路上，他覺得背後的風很大，好像有什麼東西在拍他的肩膀。因為他的皮外套在背後肩膀的部分破了一塊外皮，所以當風吹過來時，就好像有東西在拍打他。他心裡頓時起了這樣的意念：「後面有鬼在拍我肩膀！」

　　剛開始時，他不敢走得太快，一步一步地走，到後來越走越快，因此本來只是風吹動他的衣服而已，後來卻隨著他腳步的加大，致使衣服的擺動也越來越大，他便真的以為後面有鬼在追他，於是越走越快，甚至跑了起來，結果聲音也變得更大。這就像剛剛講到以風來觀修時，當風在吹動的時候，我們要想到那是業風在吹動、牽引著無數的閻羅、鬼差在追趕我們。

第二節
精進持續地修持

關於此次六中陰的教授、文武百尊的灌頂、講解以及口傳，至此都已經完整地傳授，希望大家對這個教法要盡自己的能力去修持。

縱使沒有辦法精進地修持，因為這個教法本身具有很大的加持力，即便只運用自己休息的時間去修持，在將來各位面臨死亡的時候，相信對大家也都能夠有很大的幫助。

無論任何的密乘教法，我們首先要接受灌頂，之後再聽聞開示、講解與口傳，更重要的則是必須實際去修持。在修持的時候，最重要的即是精進，縱使沒有辦法在短時間內用很多的時間去修持也沒有關係，持續而不間斷地修持才是重點。

當然在修行中，我們也需要花一段時間去做精進的閉關，如果真正能夠在日常生活中確實地思惟、落實這些教法的話，對我們的修行本身是有很大的利益的。特別是在

這個科學發達、各種生活的物資都非常豐富的時代，精進修持《中陰教法》，對大家在生活中所要面臨的事物，是有很大的幫助的。

第三節
讓自心平和喜樂

　　接著我們要進一步祈求讓自己的內心達到寧靜與喜樂。能讓自心平和喜樂最好的方法就是依止並實踐佛陀的修行法門，以達到心中真正的寧靜與喜悅。

　　如果我們自己的內心不能真正生起一種喜樂、安寧的話，無論外在的生活環境多麼順遂、多麼富有，所有的外境都只會讓你不停地忙碌、不停地追逐，對於內心的喜樂與安祥並沒有很大的幫助，這是大家要好好去思惟的。

　　有些人在事業上不停地辛苦、忙碌，甚至忙到吃得少、睡得少，日夜奔忙，但是內心卻做不了主。不斷地在外境上追求更多的事業、累積更多的財富，但是不論他如何努力地去追求，當他在享用自己所賺取的這些外在資產時，內心並沒有得到真正的快樂與滿足，也就是說所有外在的東西並沒有辦法讓他得到真正的喜悅。

　　話說回來，在這個世間中，我們每個人都需要工作來賺取生活的所需，以求維持家庭的經濟，這也算是一種修

行上的助緣，而且也是修行的基礎。

如果沒有外在的基礎，只想在佛法上努力修持，在現在這個時代是非常困難的，因此大家在自己的工作上一定要好好維持。但是也要知道這一生不僅只有工作，除了工作之外，更要在內心的成長上好好地下一番工夫。如果我們的內心能夠跟著外在世間的事業一起成長的話，你內心的成長會對世間的事業有很大的幫助，而你外在事業的成長也會對內心的成長有幫助，二者是相輔相成的。

所以我個人認為，生活在現代忙碌社會中的行者，在世間的事業上大概只要花費百分之七十的精力即可，而留下的百分之二十、三十的精神則應該好好地用來觀照自己的內心，努力培養一種平和、寧靜、安祥的境界，讓心能夠時常處在這樣的喜悅之中。

如果能夠這麼做的話，縱使外在的生活資財賺得不多，不是非常充裕，但是你會很歡喜地去受用自己所賺取的資財。如果不能讓自己的內心達到安祥、平和的境界，無論你花多少的精神、累積多少的財富，當你在享用財富的時候，只會讓你感覺更加疲累，因為你會花費更大的心力在外境上，你的內心並不會因此而產生喜樂、平和的感受，這是非常重要的。

第四節
迴向

聽聞了六中陰教授的功德，要請各位做廣大的迴向。

要怎麼迴向呢？將一切功德迴向給一切有情，願一切六道眾生能夠離苦得樂——能夠從三惡道中解脫，往生三善道，進一步再由三善道中解脫到佛陀的果位。當我們迴向所累積的一切善業功德時，由於迴向的利益，能夠使我們過去所造的善業持續增上，而由善業所迴向的願也能夠成熟，永遠不會退失。

如果沒有迴向的話，今天法會所累積的些許善業可能會因為自己內心起了某些煩惱，或是由於外在的惡緣現起，而讓內心產生猛烈的煩惱，並將過去所造的善業與善根銷毀，因此迴向功德是非常重要的。

藏傳佛教叢書06

西藏生死導引書(下)——六種中陰的實修教授

暢銷十週年 新裝書衣版

原　　著	蓮花生大士	
取　　藏	南開吉美尊者	
講　　授	堪布慈囊仁波切	
執行編輯	張志忠、莊慕嫻	
美術設計	張育甄	
出　　版	全佛文化事業有限公司	
	訂購專線：(02)2913-2199	
	傳真專線：(02)2913-3693	
	匯款帳號：3199717004240	
	合作金庫銀行大坪林分行	
	戶　　名：全佛文化事業有限公司	
	E-mail：buddhall@ms7.hinet.net	
	http://www.buddhall.com	
門　　市	新北市新店區民權路108-3號10樓	
	門市專線：(02)2219-8189	
行銷代理	紅螞蟻圖書有限公司	
	台北市內湖區舊宗路二段121巷19號	
	TEL：(02)2795-3656　FAX：(02)2795-4100	
二版一刷	2019年04月	
二版二刷	2021年07月	
定　　價	新台幣230元	

ISBN 978-986-96138-4-2 (平裝)

國家圖書館出版品預行編目(CIP)資料

西藏生死導引書. 下： 六種中陰的實修
教授 / 蓮花生大士原著. -- 二版. --
新北市： 全佛文化, 2019.04
　面 ； 公分. --（藏傳佛教叢書 ； 6）
ISBN 978-986-96138-4-2(平裝)

1.藏傳佛教 2.死亡 3.宗教哲學

226.961　　　　　　　　　107020157